# 相続税の
# 不安・悩みが即解消！

★3時間でわかる★

相続人のための

**相続税申告入門**

税理士
森川和彦

# はじめに

　この本を手に取られた方は、大切な身内が亡くなり、どうしたらよいのか分からない状況で、もしかしたら相続税がかかりそうではないかと不安になっておられると思います。

　大抵の方は、今まで相続税のことなど考えたことすらありません。しかし、近年の税制改正によって相続税がかかるラインが下がったため、対象になる方が増えました。そのため普通のサラリーマンであった父が亡くなり、財産と言えば、自宅と預貯金を持っていただけの人でも、相続人の人数との兼ね合いで、相続税の対象になる方が出てきています。

　ただし、現時点では、概算で１００人中８人程度の方が相続税申告の対象ですので、大半の方は、親が亡くなっても相続税申告は関係ありません。この点はほっとされる方も多いと思います。

　しかし、対象になった方は大変です。そこで、この本は、初めて相続税申告が必要になりそうな方向けに、相続税とはそもそもどのような税金なのか、何が対象の財産で、どのようにして評価が行われるのかから、遺産分割協議書の内容や節税につながるお話、税理士の選び方、もしかしたらあるかもしれない税務調査のことまで、初めての方の不安が解消されていくように書かれています。

　読み進んでいくうちに、相続税について大まかな理解が得られることでしょう。日頃なかなか、馴染みがない相続税について、初歩だけでも理解しておくことで、税理士等への依頼の際にもスムーズに進みます。また、何も知らないよりも、概略を知ったうえで依頼することで内容もよくわかり、専門家への橋渡しもできると思います。

初めてのことで、とまどいや不安が大きいと思いますが、この本を読み進めていくうちに、知ることによってその不安要素が解消されていき、少しでも気が休まるのではないでしょうか。

多くの相続人の方が、相続という初めての経験でとまどいますが、この本から得られた知識で申告がスムーズにいくことを願っています。

２０１８年12月

税理士　森　川　和　彦

（注）文章中の表現は、はじめて相続税のことを学んでいただく方を対象としているため、税法の難しい言葉を極力避け、平易な文章に置き換えて表現しております。そのため税法に規定されているそのままの言葉ではないことをご了承ください。

本書の内容は２０１８年４月１日の法令にもとづいて書かれています。

# 目　次

## 第2章　相続税の計算のしくみ



## 第3章　主な財産評価の仕方

## 第4章　遺産の分割方法

## 第5章　相続税申告で使うことが多い特例



## 第6章　申告書の注意点



## 第7章　留意事項

**あとがき** 

# 第1章 相続税の基礎

第1章
1

# 相続とは

まずは相続という言葉から見ていきましょう。相続は人が亡くなったときに開始し、その亡くなった人のことを『被相続人』といいます。何か、当たり前といった感じがしますが、古い時代には、家督相続といって隠居したときにも相続が開始されるということになっていました。今は、そのようなものがなく、人が亡くなって初めて相続が始まるということになっています。

その一方で、亡くなった人の財産を受け継ぐ人を『相続人又は受遺者（じゅいしゃ）』といいます。相続人はわかると思いますが受遺者というのは、遺言によって指定されたものを受け取る人のことをいいます。例えば、遺言書で、ある孫が財産の受取人に指定されていれば、その孫が受遺者ということになります。

財産というと、プラスのイメージがありますが、プラスの財産だけでなく、実はマイナスの財産もあります。これは、金融機関等からの借入金がその代表例ですが、その他、病院等の未払金や税金関係の未納分など、本来、その亡くなった方が支払うべきであったものを残していたものは、その分をマイナスの財産としてカウントします。マイナスの財産がかなり多くて困る場合は、〝相続放棄〟という手続きも用意されています。しかし、これは亡くなったことを知ってから3か月以内に家庭裁判所に申請をする必要があります。

第1章 2

## 相続人はだれか

次に、相続人というのは誰がなれるのか考えてみたいと思います。これは民法という法律の中で決められており、また順番というのがあります。手をあげたら、なれるものではありません。その中で、配偶者は別格で、常に相続人になる地位にいます。ここでいう配偶者というのは、正式な婚姻関係がある者になりますので、内縁関係の場合は相続権はありません。したがって、内縁者が財産を受け取ろうと思えば、遺言書で指定されている必要があります。配偶者以外では、相続人になれる順位というのがあり、次のとおりです。

第一順位・・・直系卑属（子や孫など）
第二順位・・・直系尊属（父母や祖父母など）
第三順位・・・兄弟姉妹

まず、第一順位ですが、このケースが一番多いと思います。つまり、被相続人に子がいれば、子が相続人になります。子が、今回の被相続人よりも先に亡くなっている場合がまれにあります。このときは、その子の下の世代の孫が相続人になっていきます。これを代襲（だいしゅう）相続といいます。さらに、その孫も先に亡くなっていれば、ひ孫が相続人になっていきます。直系卑属（ひぞく）というのは、聞きなれない言葉ですが、子・孫など自分より後の世代で、直通する系統の親族のことをいいます。またその中には、養子も含まれます。簡単なイメージでは、自分より下の世代の縦の関係ということになるでしょうか。

次の、第二順位は、もし第一順位であった子がいなかった場合になります。

そのときは被相続人の父母が相続人になります。父母が被相続人よりも先に亡くなっていれば、さらに上の祖父母が相続人になります。この人たちは直系尊属（そんぞく）といい、自分よりも前の世代で、直通する系統の親族のことです。その中には、養父母も含まれます。

先ほど出てきた卑属は下の世代でしたが、尊属は自分よりも上の世代のことをいいます。

ただし、親といっても、配偶者側の親は関係ありませんのでご注意ください。

ただ、この第二順位の相続は、被相続人が親よりも先に亡くなっているケースですので、事例は少ないです。この場合ももちろん配偶者は相続人です。

さらに話を進めていきましょう。

今度は第三順位についてです。これは、第一順位・第二順位に該当する人がいない場合に、順番がまわってきます。

そのときは、被相続人の兄弟姉妹が相続人になってきます。このケースでは、配偶者と被相続人の兄弟姉妹が相続人ですから、難しい相続が想定されます。というのも、財産を引き継ぐにあたっては、遺言書がない場合は、相続人間で話し合いをして、分割協議というものをしなければ、財産が移りません。そこで、この相続人間での話し合いがスムーズにいくかどうかが焦点になりますが、生前の親戚関係の付き合いの度合いが出てきますし、兄弟姉妹にも取り分が原則として用意されていますから、配偶者が全部取得したいと思っても、そのような意向が通るとも限りませんし、自宅や預貯金等も分割しなければならないことも想定されます。また後述しますが、この場合は、被相続人が生前に遺言書を作っておくことが最重要です。正式な遺言書で全財産を配偶者に相続させるとしておけば、被相続人の兄弟姉妹には遺留分という権利がないため、全財産が配偶者に移ります。このときは、話し合いは必要ありません。もし、遺言書がなければ、相続人間で話し合いの機会を持たなければ、被相続人の預金の解約や不動産の名義変更等ができません。遺言書の有無がこの第三順位の相続が見込まれるときのポイントといえるでしょう。

先ほどの兄弟姉妹が被相続人よりも先に亡くなっているケースもあります。その場合は、下の世代の甥・姪が相続人になります。ただし、甥・姪が先に亡くなっている場合は、さらに下の世代への代襲はありません。これはあまりにも遠い関係の人にまで被相続人の財産は与えられないということでしょう。このときは、配偶者のみが相続人になります。

ここで、よく出てくる配偶者について書きます。

この配偶者は婚姻期間は問われません。つまり、婚姻届を役所に提出して受理されていれば、たとえ一日だけの婚姻期間であったとしても相続権を持ってきます。その一方、離婚した妻又は夫は、相続権はありません。何十年も連れ添ってきた夫婦が離婚して、夫のほうはすぐに再婚できますから、一日でも婚姻関係があれば、後妻はすぐ相続権があるわけです。（先妻には相続権は一切ありません。）これは心情的には何ともいえない状況ですが、人間の命はいつどうなるか分かりませんからこのような状況も起こり得るわけです。法律上は、先妻に財産を引き継ぐ権利を認めていません。相続財産が仮に何十億というものだったらどういう気分になるのでしょうか。もちろんお金だけではないのでしょうが、何か腑に落ちないような気がします。

また被相続人の子の中には、養子縁組をしていた養子や、婚姻関係になかった人との間で生まれた子を認知した非嫡出子（ひちゃくしゅつし）にも相続権がありますので、分割協議では、この方たちとも話し合いの機会を持たなければいけません。おそらく生前には顔を合わせた機会がないことや、そのような方がおられること自体知らなかったケースがほとんどでしょうから、話し合いがスムーズに行われるかどうかは微妙になってきます。

また、分割協議も一同に集まって決める方法もありますが、専門家が代表相続人からの意向を受けて分割協議書案を作って、その書類を非嫡出子のところに郵送して、そこに印鑑を押してもらって返送するといった方法をとることが実務上は多くなります。

ただ、その書類に印鑑を押してくれるかどうかはその内容次第にもなりますし、印鑑がもらえなければ、相続手続きがさらに先送りになることも考えられます。

しかし、相続税の申告が必要な場合は、後で詳しく書いていますが、分割協議が整っていてもいなくても、亡くなったことを知ってから10か月以内に申告と納税が必要になります。分割協議が整っていない場合でも、法定相続分で取得したと仮定して計算して申告と納税を行います。分割ができていないからといって、待ってくれるわけではありません。この点は知っておいてください。

第1章 3

# 法定相続分はいくらか

民法では法定相続分というものを予め決めています。これは
①　相続人が、配偶者と子のとき
配偶者が1／2、子は1／2
②　相続人が、配偶者と直系尊属のとき
配偶者が2／3、直系尊属は1／3
③　相続人が、配偶者と兄弟姉妹のとき
配偶者が3／4、兄弟姉妹1／4という割合
と決められています。

もし子が2人の場合は、子に配分された割合を、人数で按分して計算します。

例えば、夫が亡くなり妻と長男、長女の3人が相続人であった場合は、妻は1／2、長男は1／4（1／2×1／2）、長女も1／4（1／2×1／2）になります。

留意点ですが、この法定相続分は民法に決められているからといって、必ずしもこの割合に縛られる必要はなく、相続人間で話し合いで合意できれば、自由に割合を決めることができます。ここは勘違いしやすいところです。この割合で分けなければならないと思われている方も多いのですが、その

ようなことはありません。あくまでも〝目安〟の割合とお考えください。

つまり、話し合いで合意が得られれば、この例の場合では、妻0、長男1／2、長女1／2でも構いませんし、もっと極端に長男がすべて相続して、妻や長女は何も取得しないという分け方でも問題ありません。これは、相続人間で合意されればどのような割合でも全く問題ないわけです。

合意ができれば、その内容を遺産分割協議書に記載して署名押印して残しておきましょう。この協議書は相続税申告書にも添付しますし、不動産等の名義変更等でも使います。

ただし、この法定相続分は、相続人間で揉めた場合は、裁判等でこの民法の割合が勘案されることが多く、極端な割合で決着するといったことは困難でしょう。

第1章 4

# 相続税とは

ここで、『相続税』という本題に入っていきましょう。まずは、相続税には税金がかかる最低ラインというものがあります。これを基礎控除といいます。これ以下の場合、そもそも相続税は関係してきません。

相続税は、亡くなった日時点の各財産を合計して、その合計額が基礎控除額を超えたときにかかる税金です。

基礎控除額は3千万円＋（600万円×法定相続人数）で計算します。

例えば、父が亡くなり、相続人が母・長男・長女の場合は、法定相続人数は3人のため、4800万円が基礎控除額になります。そのため、父の財産の合計が4800万円超の場合は、相続税の申告と納税が必要になります。

財産の合計額が4000万円だった場合は、相続税の申告はそもそも必要ありません。この場合は、税務署以外の各金融機関等での預金の解約や、法務局での不動産の名義変更などの相続手続きを進めていくことになります。この名義変更等の手続きには期限はありません。したがって、いつでも手続きはできるのですが、放っておくと、その預金はいつまで経っても使えませんし、年月が経ってしまうと、また次の相続が発生するなどして、権利関係が複雑になってしまいますので、可能な限り早めに名義変更をしておきましょう。たまに先代名義の不動産が出てくることがあります。世代が変わると、それを誰が相続していたのか、あるいは誰が相続したのか決めていなかったのかなど、状況がわからなくなってしまうため、分割協議をしたときにすぐに名義変更にとりかかっておきましょう。

第1章 5

# 贈与税とは

ここで〝贈与税〟についてもみていきましょう。贈与という言葉は日常会話でも普通に出てきます。

贈与というのは、これは契約になります。口頭であっても、書面にしていても構いません。この贈与という契約は、〝一方があげます、他方がいただきます〟ということで成り立つ契約です。贈与が行われるのは通常、身内間です。

例えば、父が子へ現金・預貯金を贈与するケース、祖父が孫へ現金・預貯金を贈与するときが典型例でしょう。

贈与税は、もらった人にかかってくる税金です。あげたほうにはかかりません。贈与税にも基礎控除（税金がかかる最低ライン）があります。これは年間110万円と決められています。この金額はご存知の方もおられるでしょう。相続税の対策で、毎年、110万円以下の現預金を、複数の子や孫たちそれぞれに贈与して、親や祖父母の財産を移していくケースがあります。この金額以下であれば、贈与税がかかりませんから申告も納税もいりません。

また、暦年（1月1日〜12月31日）単位で考えるため、年末に子に110万円以下の贈与をして、年明けに、また同じ子に110万円以下の贈与をしても、どちらも贈与税の申告と納税は必要ありません。

贈与というのは身内間で行われることが多いため、あまり税務上のことを考えることなく行ってしまいがちです。気を付けたいことは、〝贈与〟というものが後から見たときにはっきりとわかるようにしておかなければいけないということです。

贈与の事実がわかるように、金銭の贈与は、金融機関の口座間で振込をすることで、履歴が残ります。この履歴のほか、簡単な様式でも大丈夫ですので贈与契約書を贈与の都度作成することも重要です。この契約書に各自住所氏名を署名して、かつ各実印を押しておけばベストでしょう。実印でなくても、それぞれが管理している印鑑で押印しておくことも重要です。

贈与を受けた通帳は、もらった人が開設したもので、印鑑もその人自身が使っている印鑑でかつ、その通帳の管理や使用もしておくことが重要になります。

つまり、もらった方が自由に使える状態になっていないといけないわけです。形式的に振り込んだところで、もらった子や孫が知らないという状況では、そもそも贈与自体がなかったことになり、相続時には、その財産も一緒に含められて加算される結果になりかねません。

これは後述する〝名義預金〟といわれるもので、口座名義は亡くなった方以外の名義になっているけれども、実質は亡くなった人の財産であると認定を受ける可能性があるということです。

名義は借りただけで、預金を預け替えただけという扱いになってしまいます。そのため、贈与をするのであれば、後からきちんと証明ができるように対策をしておきましょう。

この名義預金は、もし税務調査があったときには、一番に調べられる項目に挙がってきます。というのも、預金を含めた金融資産は簡単に分散できてしまうからです。不動産は名義変更をするときに、法務局に登記の手続きがいりますし、そのときに登録免許税等がかかってくるため、頻繁に贈与をする人はいません。そもそも何百もの数の土地を持っている人はまれでしょう。

それに比べて、金融資産（現預金）の場合、簡単に引き出したり入金したりできてしまうため、専業主婦名義の口座に多額の金額の入金をすることだって簡単にできてしまいます。

いざ、夫に相続が起こったときに、ずっと専業主婦であった妻の預金通帳残高が1億円だったとしたら、よほどの説明がない限り、名義借りということで、妻の預金も夫の相続財産としてカウントされてしまう結果になります。そのため、しっかり証明ができるように痕跡を残して、念には念を入れて贈与を実行するようにしておきましょう。

なお、この贈与ですが、年間１１０万円を超える財産の贈与を受けたときは、贈与があった翌年の確定申告時期（2月1日～3月15日）に贈与税の申告書の提出と納税が必要になります。

贈与税の説明の最後に、贈与税がかからない主なものをあげたいと思います。

① 扶養義務者間で生活費や教育費に充てるために必要な都度贈与した財産で、通常必要と認められるものは非課税です。

これは、通常の生活費や治療費、養育費、学費、教材費、文具費などを必要な都度贈与してこれに充てた場合は非課税ということです。そのため、このような名目で贈与を受けても、預金にしたり株式の購入、自動車や不動産の購入に充てたりしたものは、通常通り、贈与税の対象になってきます。

② 社交上の必要なもので社会通念上相当と認められるもの
これは、香典や花輪、年末年始の贈り物、お年玉、お見舞いなど、社会的・常識的に考えて、通常の社交上必要不可欠なものが該当します。

③ 相続または遺贈により財産を取得した人が、被相続人から亡くなった年に贈与された財産
これは、相続税でその財産を加算して相続税で課税するために、贈与税はかけないということです。

ただし、相続または遺贈により財産を取得しなかった人は、被相続人からその亡くなった年に贈与された財産には、通常通り、贈与税がかかります。

第1章 6

# 相続税申告までのスケジュール

簡単に相続発生から相続税申告、名義変更に至るまでのスケジュールを見ていきましょう。

まず、人が亡くなると、死亡届→通夜・告別式→初七日→四十九日→準確定申告→財産調査→遺産分割協議→相続税申告書の作成→申告・納税→各財産の名義変更という流れが一般的です。

この中で、準確定申告というものは、亡くなった方の所得税の確定申告のことになります。確定申

告は通常は、翌年の2月16日から3月15日ですが、亡くなった方の場合は、その年の1月1日から亡くなった日までの所得があれば、亡くなった日から4か月以内に準確定申告が必要になります。したがって、通常の確定申告時期とは異なりますので注意が必要です。もちろん、この準確定申告で支払った税金は、相続税の申告書上で控除できますので忘れないようにしましょう。これは本来、被相続人が支払うべき税金のため、その分は相続税の申告書でマイナスしましょうということです。

実際に大切な人が亡くなると、精神的にも影響を受けて、バタバタといわれるがままに、葬儀や初七日、四十九日といった法要が執り行われます。あまり考えている余裕もありません。しかし、相続税申告は亡くなってから、申告・納税まで10か月以内なので、時間があるようで実際はあまりなく、気が付けば、亡くなってから、4か月程度すでに過ぎ去っていることが多いものです。この場合、あと半年以内くらいで、どこにどんな財産があって、その財産の価額がいくらであるかを計算して、さらに、生前贈与の有無や預金通帳の過去の動きなども調べないといけません。

通常、相続は初めて又は2回目程度ですから、慣れている方はいません。以前、経験していたとしても、すっかり忘れてしまっていたり、法律や書式も変わっていることが多いものです。そのため、この本などで相続税の概要を掴んでいただき、その後、相続税申告に強い税理士に依頼されることをお薦めいたします。

なかには、ご自身で申告をやってみようといわれる方もおられます。医療費控除を受けるために毎年所得税の確定申告を自分で作っているから相続税申告もいけるのではないかと思う方もおられます。しかし、相続税の申告書は見たことがない方がほとんどでしょうし、所得税の確定申告書のように数枚の申告書ではありません。もちろん、税務署では相続税の申告書一式を配布しており記入例もありますが、あの分厚い冊子を読んですんなり理解できる方も少ないのではないでしょうか。相続税は、個々人で財産の種類も違いますし、相続人の人数や事情が異なってきますのでケースバイケースです。ご自身でやってみようといわれた方も、やはり途中で困難になって依頼されるケースがかなり多いのが実情です。それでも相続税申告の一連の流れや対象になる財産や評価方法など知識として理解されることは大事だと思います。

実際、この本を手に取られるのも、相続が発生してからもう3か月以上経過していることでしょう。日頃、相続税のことを考えている人なんていません。だいぶん時間が経って、少し落ち着きを取り戻す頃に、もしかしたら相続税がかかるのかもということが頭をよぎってきます。

大抵は日頃、税理士とは付き合いがありませんし、近所の税理士にも財産が知られてしまうという事情もあって依頼することがしづらいです。そこで、インターネットで検索するなどして、私どもにお声掛けいただくケースがほとんどです。また、財産のことなので、なかなか人に簡単に話せる話題でもなく、ましてや相続税の話になると、資産家のように思われて話もできません。また、後ほど詳細に税理士の選び方のページで書いていますが、この方面に強い方でないと思うような申告ができない可能性がありますので注意したいものです。

第1章 7

# 申告が必要な場合

被相続人の財産が、3000万円＋（600万円×法定相続人数）＝基礎控除額を超えた場合は申告が必要になります。

後ほど説明しますが、相続税の特例（例えば、配偶者の税額軽減規定、小規模宅地等の特例等）を使ってはじめて基礎控除額以下になる場合は、申告をして初めて特例が使えますので、申告だけはしなければいけません。

第1章 8

# 申告書の提出先

被相続人の住所地を管轄する税務署に提出することになっています。したがって、相続人の各住所地は関係ありません。また、相続人が複数いる場合は、共同で一つの相続税申告書に連名で提出することができます。大抵は、連名で一つの申告書で提出します。

ただし、法律の原則は、相続人一人づつ提出することになっています。相続人間で揉めているケースでは、別々に申告する場合があります。

ただし、その場合は、被相続人の財産の合計などが一致していない場合が多いため、正しい財産額の把握のため、税務調査が行われる可能性が高くなります。また揉めているということは、分割協議ができていませんから、各種の優遇規定（特例）を使えなく、多めの税額を払うことになります。やはり円満な相続が一番有利といえます。

第1章 9

## 申告書の期限

相続税申告の期限は、被相続人が亡くなったことを知った日（通常はその日）の翌日から起算して10か月以内になります。

例えば、被相続人が亡くなったことを知った日が1月16日であれば10か月後の11月16日が申告期限になります。もし、その期限が土日祝にあたる場合はその翌日になりますので、11月16日が土曜日のときは、11月18日の月曜日ということになります。

第1章 10

# 納付の期限

相続税の納付期限は、申告書の申告期限と同じ日になります。原則として、金銭で一括納付になります。納付は、申告書に記載された税額を、各自納付書を使って金融機関等で納付します。

しかし、相続財産は土地建物といった不動産が多く、預貯金が少ないといったときも想定されます。金銭で一括納付ですから、相続人がすでに持っていた預貯金から納税するか又は、その土地建物を売却して納税資金を作るか、金融機関から納税資金を借入するかの方法になってきます。そこで、一定の要件を満たすと、延納（分割払い）や、物納（物で納める）が認められることがあります。納期限を過ぎると、その翌日から実際の納付日までの間について延滞税がかかってきますので、もともとの納付すべき本税が大きいと延滞税も多額になってきます。本来は払う必要のない税金になりますので、期限通りに納付することが賢明です。

ここで延納（分割払い）制度を見てみましょう。要件は次のとおりです。

1. 相続税額が10万円超であること
2. 金銭納付が困難な事由があること
3. 担保提供をすること（一定の場合は除く）
4. 申告期限までに延納申請書を提出すること

延納が認められれば、原則5年以内の分割払いが認められますが、不動産が多いときは不動産等の税額に対応する部分は最長20年認められるといったものもあります。

しかし、本来は一括納付であるところを分割払いにしてもらっているわけですから金融機関からの借入と同様に、その分の利息（利子税）がかかってきます。20年間の利子税になりますと、この負担は相当なものになりますから、この制度を使うかどうかは慎重に検討したいものです。

また、延納以外にも、物納（物で納付）という制度もあります。

物で税金を納めるということですので、これはなかなか珍しい制度です。相続財産のほとんどが不動産で占められており、延納しても、毎年の収入の兼ね合いから困難なときに検討するものです。

これにも要件があります。

相続税の納期限までに物納申請書を提出して物納の許可を受けなければなりません。また物納できる財産は、順番が決まっており、相続や遺贈（遺言によって取得した財産）で取得した財産のうち、国債・地方債、不動産・船舶があればこれをまず物納に充てます。この財産がなければ、次に株式・社債・投資信託、これもなければ、最後に動産を充てます。つまり、国としてもお金で納税してくれるのが一番なわけです。それでも一括で無理だったら、分割で払ってください。それでも無理だったら、物で納めてもらってもよいのですが、管理処分（換金処分）のし易い順番でないと困るというわけです。第一順位の国債で物納を受けると、国は換金しやすいわけです。

というわけで、国も処分のしやすいものは許可をしますが、不動産では権利関係が複雑で管理処分ができないものは不適格となってしまいます。

そのため、物納を選択せずに、売却して納税資金を作るなどして、金銭で納付するといったことを同時に考えていく必要が出てきます。

# 第2章 相続税の計算のしくみ

第2章
1

# どのような財産が対象になるか

財産には、大きく分けてプラスの財産とマイナスの財産があります。マイナスの財産は金融機関等からの借入金や病院等への未払金、税金の未払いなどです。

まず、プラスの財産からみていきましょう。

対象になるものを書きあげていきますので、どのようなものが対象になるか、眺めてみてください。

土地・家屋の不動産、現金・預貯金、株式や投資信託の有価証券、生命保険金等、退職手当金等、家庭用財産、書画・骨とう品、ゴルフ会員権、庭園設備・門扉等、自動車、電話加入権、事業用財産、貸付金、宝石、未収配当金、立木、生命保険契約に関する権利、定期金の受給権など。

いかがでしょうか？　何でも対象になっているといった印象ではないでしょうか？　お金に換えられそうな価値があるものは対象になっています。また後ほど、各財産の評価金額について記載しますが、ここでは、このような財産が対象になるということを大まかにつかんでおいてください。

この財産の中で、現預金や不動産などは分かり易いでしょう。しかし、中には、意外なものも入っていると思います。生命保険金などは不思議に思われませんでしたか？　亡くなった日に所有していたわけではないのに、相続税の対象に入ってきています。相続財産には二種類あり、一つは〝本来の財産〟、もう一つは〝みなし相続財産〟といわれるものがあります。生命保険金等は、みなし財産という部類に入ります。これは、亡くなったことを起因として、その受取人に保険金（経済的な利益）が入金されるということになりますので、他の預貯金等と同じようなものということで、相続税の対象にすることになっています。死亡退職金も同じです。そのほか少しわかりにくいのが、〝生命保険契約に関する権利〟という権利が財産に入ってくるということです。

これは、生命保険金のように保険金として入ってきたわけではないのですが、もともと被相続人が保険料を支払っていて、被保険者が健在で、相続時にはまだ保険事故が発生していないものについて、被相続人が保険料を支払った分を権利としてとらえて、その解約返戻金を相続財産に加えるということです。

ここで、生命保険金の課税関係をみておきましょう。

生命保険金は保険料負担者と被保険者、保険金受取人の三者の関係によって、相続税、所得税、贈与税の対象になったりします。つまり、生命保険金といえば、どれもが相続税の対象になるわけではありません。

そのうち相続税の対象になるのは、亡くなった方が保険料支払者になっている場合に限られますので、この分のみを相続税の対象にします。そのほかの保険契約は、相続税以外の対象になってきます。

第2章
2

# マイナスの財産とは

今まで、プラスの財産を見てきましたが、受け継ぐ財産は何もプラスのものだけではありません。マイナスの財産を見ていきましょう。

亡くなった日現在で残っている金融機関等からの借入金、病院等への未払金、被相続人が納付すべきであった税金（固定資産税、所得税、住民税など）、準確定申告で納付することになった所得税、亡くなった日現在ではまだ納税通知書は届いていないけれど、賦課期日が到来している税金などがあります。

この賦課期日というのは分かりにくいのですが、固定資産税は1月1日（賦課期日）の所有者に対してかかりますが、仮に2月頃亡くなった場合は、その納税通知書は届いていません。しかし、この分は、被相続人がその物件を所有していたことによってかかる税金のため、全額控除できます。また同じように住民税や、個人で事業をされていた方の事業税があります。

先ほどの借入金のなかで、団体信用生命保険に加入していた場合があります。この保険は、住宅ローンを組んでいる方が、返済を終える前に亡くなった場合、それ以後の借入金は返済不要になるという契約です。したがって、亡くなった時点で、相続人はその住宅ローンを返済する必要がなくなったわけですから、この住宅ローン分の借入金は差し引くことができません。

その他、相続税の申告書で財産から差し引けるものとしては、葬儀費用や埋葬・火葬・納骨にかかった費用、お寺等への支払いであるお布施・戒名料・読経料、捜索や遺骨等の運搬にかかった費用、葬儀の前後にかかった通夜の飲食代・タクシー代などがあります。

なお、通常、お布施など領収書のとれないものは、支払日や支払先や内容を記載したメモを残しておきましょう。適正な金額であれば控除を受けることができます。

その一方で、葬式費用として控除できないものがあります。それは香典返礼費用や墓碑及び墓地の購入費、法会に要した費用、医学上又は裁判上の特別の処置に要した費用があります。

したがって、初七日や四十九日の法要・法会に要する費用は引けませんので注意が必要です。香典返礼費用は、香典収入がプラスの財産から除外されていますから、その反対の支払いである返礼費用も控除できません。墓地等はこれもプラスの相続財産になっていませんから、その購入費の未払金が残っていても控除することはできません。したがって、墓地などを購入する場合は、払い終えておく方が得になります。

第2章
3

# このような財産にはかからない

相続税の財産の中には、相続財産としないものがあります。

お墓関係（墓所・霊びょう・墓石・墓地）、神仏関係（仏壇・仏具・仏像・神体）など日常礼拝しているものには国民感情の面を考慮してかかりません。

また、相続人の取得した生命保険金等で、５００万円×法定相続人数で計算した金額や、同じく相続人の取得した退職手当金等で、５００万円×法定相続人数で計算した金額まではかかりません。

また、申告期限までに相続財産を国や特定の公益法人に寄付した場合の寄付財産なども、課税対象から除かれています。

よく出てくるのが、生命保険金の非課税枠の規定です。

例えば２千万円の保険金がおりる生命保険契約があった場合は、相続人が４人のとき、その生命保険金は０円になりカウントされません。また、仮に相続人が３人だった場合は、１千５百万円まで非課税のため、５百万円部分だけ相続財産にカウントされることになります。このように、生命保険契約は節税につながりますので、ご自身の相続人数を考慮して契約しておくのもひとつの節税対策になります。

また申告期限までに相続財産を国等に寄付する規定もありますが、その国等が受理した証明書を相続税の申告書に添付しないといけませんから、特に不動産を寄付する場合などは時間がかかりますので、注意が必要です。

第2章 4

## 相続税の計算方法

それでは相続税がどのように計算されるかをみていきましょう。計算は3段階に分かれます。ただ、分かり難いのでまずは、計算例からみていきます。

（例）

被相続人が夫で1億円の財産でした。その他、生命保険金1千万円が次女に、父から相続開始前の生前贈与5百万円が長男にありました。債務・葬儀費用は合計2百万円で、これはすべて長男が負担しました。

相続人は、妻・長男・長女・次女（17歳）の4人で、妻が5千万円、長男1千万円、長女2千5百万円、次女1千5百万円を相続しました。

（計算）

**【第一段階】**

1億円＋（1千万円－1千万円）－2百万円＋5百万円＝1億3百万円（課税価格）

基礎控除額3千万円＋6百万円×4人＝5千4百万円

1億3百万円－5千4百万円＝4千9百万円（課税遺産額）

**【第二段階】**

これを法定相続分で按分すると、

妻　：4千9百万円×1／2＝2千450万円

長男：4千9百万円×1／6＝816万6千円

長女：4千9百万円×1／6＝816万6千円

次女：4千9百万円×1／6＝816万6千円

相続税の速算表を使って、

妻：2千450万×15％－50万＝317万5千円

長男：816万6千×10％＝81万6600円

長女：816万6千×10％＝81万6600円

次女：816万6千×10％＝81万6600円

この税額を合計すると、562万4800円この税額が相続税の総額になります。

**【第三段階】**

これを実際の取得割合で按分します。

按分割合は、(小数点以下2位未満の端数調整可)

妻　:5千万円　／1億3百万円＝0・485436893２

長男:1千3百万円／1億3百万円＝0・1262135922

長女:2千5百万円／1億3百万円＝0・2427184466

次女:1千5百万円／1億3百万円＝0・1456310680

これを先ほど合計した相続税の総額に掛けます。

妻:5624800円×0・4854368932＝273万485円

長男:5624800円×0・1262135922＝70万9927円

長女:5624800円×0・2427184466＝136万5242円

次女:5624800円×0・1456310680＝81万9146円

ここから個別事情を勘案していきます。

まず、配偶者は税額軽減規定があり、法定相続分又は1億6千万円のいずれか多い取得金額までは相続税がかかりませんので、配偶者の税額273万485円⇓0円になります。

長男は、そのままの70万9927円

長女も、そのままの136万5242円
次女は未成年者のため20歳になるまで10万円分が控除されます。
10万円×(20歳－17歳)＝30万円
よって、次女：81万9146円－30万円＝51万9146円

したがって、最終的に納税額は百円未満を切捨てして、妻0円、長男70万9900円、長女136万5200円、次女51万9100円ということになります。

また、後ほど、税額の軽減規定や未成年者控除等の詳細は触れていきますので、今の段階では、このようなものがあるんだなと思っていてください。


以上の計算例を今度は、文章で書いてみます。

まず第一段階です。

プラスの財産（相続・遺贈財産＋みなし財産）－マイナスの財産（債務・葬式費用）＋相続開始前3年以内の贈与財産＋相続時精算課税制度を使った贈与財産で計算します。

この計算で、課税価格が決まります。ここから今までも出てきている基礎控除額3000万円＋(600万円×法定相続人数）を差し引くと、課税遺産額が計算されます。

ここから第二段階の計算です。

ここが相続税の計算の特徴ですが、実際にどのように取得したかは関係なく、あくまでも法定相続

分で取得したと仮定して計算します。

つまり、第一段階ででてきた課税遺産額を、法定相続分で取得したと仮定して、法定相続割合を掛けます。

その出てきた数字に、それぞれに該当する相続税率を掛けて計算して、最後にその結果を合計します。（相続税の総額）

ここから第三段階の計算です。

第二段階で計算された総額を、今度は、全体の財産のうちに、各人が実際に取得した財産の割合を掛けて、各自が納付すべき税額を計算します。つまり、相続税の総額を各人に分けます。この税額が最終ではありません。

さらに、ここから各相続人の事情に応じた控除額や加算額（兄弟姉妹等が相続人のときは偶然性が高いため2割加算、配偶者の税額軽減、未成年者控除、障害者控除等）を加減して、最終的に各自が納付する相続税額が計算されます。この出てきた税額を各自納付することになります。

ここからは、個々人の事情が考慮される加算の規定や減額になる規定を一つ一つみていきましょう。

第2章
5

# 相続税額の2割加算とは

まずは加算の規定からです。加算の規定はこれだけです。相続税は税額が計算されてから、その税金に20％加算になる人がいます。減額になるのは理解できますが、上乗せする規定があります。その対象になる人は、配偶者と一親等の血族以外の方です。

つまり、配偶者や子や親はこの規定は適用ありません。兄弟関係にあたる場合や、相続人以外が遺言でもらったときが該当してきます。つまり、遺産の取得に偶然性や本来もらう予定でない人がもらった場合に加算するという規定になっています。

ただし、被相続人よりも先に子が亡くなっており、その孫が代襲相続するケースのときは、その孫には割増しの適用はありません。少しややこしいですが、孫を養子にするケースがあります。養子縁組によって孫は、養子という1親等になってきますが、先ほどのように代襲相続人ではありませんので、2割加算の対象になってしまいます。

第2章
6

# 贈与税額控除とは

ここからは減額の規定です。

まず一つ目ですが、相続税の課税価格の計算の中で、相続が開始される以前3年以内に財産の贈与を受けた場合は、課税価格に加算されることになっています。

再度、相続税の対象になってくると、贈与税と相続税の二重に税金がかかるという問題が出てきます。そこで、相続税の計算上、贈与があったときに納付した贈与税額を控除する規定が設けられて、二重課税を調整しています。

仮に、贈与税を10万円既に納付していて、相続税の算出税額が25万円だった場合は、25万円－10万円＝15万円の納付額となります。

このケースで相続税の算出税額が6万円だった場合はどうなるのでしょうか？

6万円－10万円＝▲4万円になります。

還付されるのでしょうか？残念ながら還付にならず、納付税額0円で終わってしまいます。

しかし、また後で説明しますが、相続時精算課税制度というものを使って贈与をされているケースでは、この場合は還付になります。

第2章
7

# 配偶者の税額軽減規定とは

税額控除で最大の特典でもあり、もっとも使用頻度が高いものがこの規定といえるでしょう。

この配偶者の優遇規定はご存知の方もおられると思います。これは『内助の功』があってはじめて、今までの財産形成ができてきたと考え、大幅な減額規定が設けられています。また夫婦は一般的に年齢が近く、配偶者の老後保障という側面もあります。その一方で、配偶者から税金をとらずとも、この配偶者にも近い将来、相続が起こるためにそのときにとればよいという考え方もあるようです。怖いです。

どれくらい減額されるかというと、配偶者が取得する財産が、配偶者の法定相続分又は1億6千万円のどちらか大きい金額までは相続税がかからないことになっています。

つまり、遺産総額が1億6千万円までであれば、その全財産を配偶者が取得したとしたら、相続税額は0円ということです。ひと安心ですね。

それでは仮に、夫が2億円の財産を残して亡くなり、相続人が配偶者と子の二人だった場合を考えてみましょう。

このとき、配偶者の法定相続分は1億円になります。法定相続分通りの分割をしても配偶者の相続税は0円になります。

又は、配偶者が1億6万円取得して、残りを子が4千万円取得したとしても、配偶者の相続税は0円です。子は子の分の相続税の納税は必要です。

これを見ても、非常に配偶者は優遇されていることがお分かりになると思います。そのため配偶者の方は相続税についてはあまり心配はいらないでしょう。

それではもっと極端な例を挙げてみましょう。

亡くなった夫に遺産が100億円あり、配偶者がそのうち法定相続分である1／2の50億円分を取得したとしても配偶者の相続税はなんと0円です。もっとも、子は残りの50億円に対する相続税の負担は必要です。

第2章 8

# 未成年者控除とは

次は相続人が未成年だった場合の規定です。相続人が20歳未満の場合、成年になるまでの期間の教育費等を考慮して、未成年者本人の税額から一定額を控除する規定があります。

この未成年者控除は法定相続人に該当しなければ適用がありません。未成年者控除の計算は、10万円×（20歳－その人の年齢）になります。

また、その控除額が大きく、その未成年者の税金から引ききれないときは、その控除不足分は、その未成年者の扶養義務者の相続税額から控除することができます。

第2章
9

# 障害者控除とは

相続人が障害を持っている場合も税制上の配慮があります。この障害者控除は、法定相続人に該当する人で、心神喪失の状況にある人や失明者、精神又は身体に障害がある人が対象になります。障害の程度に応じて、一般障害者と特別障害者とに分けて控除額を計算します。特別障害者は、身体障害者の場合でいえば身体障害者手帳が1級又は2級の方が該当します。

一般障害者の場合は、10万円×(85歳－その人の年齢)で計算します。特別障害者の場合は、20万円×(85歳－その人の年齢)になります。

また、未成年者控除と同様に、その控除額が大きく、その障害者の税金から引ききれないときは、その控除不足分はその障害者の扶養義務者の相続税額から控除することができます。

第2章
10

# 相次相続控除とは

相次（そうじ）相続控除とはあまり聞きなれない言葉です。内容はこのような事態は起こってほしくありませんが、相次ぐ相続という意味で父が亡くなり、3年も経たないうちに今度は母が亡くなったというようなケースになります。

この場合は、前の相続で課税対象になった財産が、また短い期間で再度、課税対象になるという事態が起こります。このような状態のときに税金の負担を軽くする規定がこの相次相続控除です。計算式はやや複雑ですが、被相続人が亡くなる前10年以内に相続により財産を取得している場合には、前回の相続税額のうちの一定額×(10年−前回と今回の相続までの期間)×1／10で計算されます。

そのため、続けざまに相続が起こったときほど、より多く軽減になる仕組みになっています。

第2章
11

# 外国税額控除とは

税額控除の最後の規定です。

最近は、海外に財産を持っているケースも増えてきました。海外の財産も原則として課税の対象になります。したがって、国内にある財産と同じく相続財産に入れて計算する必要が出てきます。

しかし、海外の国の中には、日本の相続税にあたる税金がかけられているものがあり、これでは日本と海外の国で二重に相続税がかけられることになります。これを排除するため、その外国の相続税に相当する税額を控除することができます。

このように加算の規定、減額になる規定を見てきましたが、この加算・控除にも順番があり、今まで説明した順番で適用していきます。そのため、他の控除があるのに、先に外国税額控除を適用することはできません。あくまでも2割加算の規定⇓贈与税額控除⇓配偶者の税額軽減規定⇓未成年者控除⇓障害者控除⇓相似相続控除⇓外国税額控除になります。

ちなみに私が相続税の税理士試験の勉強をしていたときは、〝か⇓ぞ⇓は⇓み⇓し⇓そ⇓が〟と頭文字を利用して覚えたものです。

# 第3章 主な財産評価の仕方

これまで相続税の計算式を見てきました。

これからは、個々の財産の評価をどのように計算していくのかをみていきましょう。

ご家庭によって、この財産は関係ないというものも交じっていると思いますが、それは参考までにとどめていただいて大丈夫です。

原則は、相続財産は亡くなった日現在の〝時価〟で評価をします。時価と一口にいっても、人によって同じ財産でも異なるのが当たり前です。お寿司屋さんの時価はコワいですね。財布の中身の心配をしなければいけません。

時価はあいまいで人によってマチマチになるため、国は財産評価基本通達というものを作成して、各財産の評価の計算式を定めています。もちろん、この通達に縛られる必要はないのですが、その場合は、その時価の根拠等を示す必要がでてきますので、通常はこの通達に載っている方法で計算します。それでは、この通達に記載されている評価方法を見ていきましょう。

## 第3章 1 土地の評価

まずは金額が大きく主要な財産である土地です。

土地の評価は〝路線価方式〟又は〝倍率方式〟で評価します。この評価方式は自由に選べるのではなく、市街化区域は路線価方式で評価、市街化区域以外は倍率方式で評価します。この区分は、国税庁が路線価図や倍率表を公表しており、その土地の所在する場所がどちらに該当するかはインターネットでも税務署の窓口ででもわかるようになっています。

路線価は、毎年7月に国税庁がその年の各道路について1平方メートルあたりの金額を公表します。これに土地の面積を乗じて計算します。

例えば、路線価図を見たときに、その道路に面した土地（100㎡）の部分に400と載っていれば、400千円×100㎡＝4千万円と計算します。

ただし、土地は面積が同じでも形が様々であり、角地の場合や細長い土地もあります。そのため、この路線価評価をした金額をベースに各種の調整を加えて正確な評価額を計算していきます。

その一方、倍率方式は固定資産税評価額という市役所が計算する固定資産税の納税通知書に記載されている金額を使います。

又は固定資産評価証明書を市役所から取得して、この評価額に国税局長が定めた倍率を乗じて計算します。路線価同様、この倍率も公表されています。

注意点は、固定資産税の課税標準額の金額を使ってしまうケースがありますが、この金額は関係ありません。課税標準額ではなく、固定資産税評価額の金額を使って計算しますので間違えないでください。

路線価は7月に公表されるため、1月に相続が起こると、その時点ではその年の路線価はできていません。その年の7月を待たないと公表されないため、正しい計算ができません。そのため、それまでは昨年の路線価を使って概算で計算しておき、7月に正しい数字に置き換えることになります。

なお、いままで説明してきたものは、自用地といって、ご自身で使っていた又は貸していない場合や駐車場で利用していたときの評価です。

次に、その土地を貸している場合の評価を考えてみましょう。

貸している土地（貸宅地）は借りている人の権利（借地権）がありますので、使い勝手が自用地と比較して悪くなります。それを考慮して、その分評価額が下がります。

路線価図に載っている借地権割合を控除して計算します。例えば自用地（自己利用）の通常の評価額が5千万円で、借地権割合が60％とすると、5千万円×（1－60％）＝2千万円という評価になります。逆に、借りている立場の人が亡くなった場合は、借地権という財産が相続財産になり5千万円×60％＝3千万円という評価になります。

続いて、アパート・ハイツ・マンションの敷地のように、土地と建物を貸している場合の土地は、貸家建付地といいます。

この場合の評価は、自用地の評価額－（自用地の評価額×借地権割合×借家権割合×賃貸割合）で計算します。

ここで借家権割合は、アパート等には居住しておられる方がいますので、その人の権利を考慮して設定されています。なお、借家権割合は全国一律30％と決まっています。また、賃貸割合は、相続発生時の全部屋のうち入居中の部屋の割合のことで満室であれば100%です。継続的に賃貸されている場合の一時的な空室は賃貸されているものと考えて構いません。

例えば自用地（自己利用）の通常の評価額が5千万円で、借地権割合が60%、借家権割合30%、賃貸割合100%とすると、5千万円×（1－60%×30%×100%）＝4千百万円という評価になります。そのため、通常の自用地評価に比べて18%引きの評価です。

このように、自用地よりも、貸宅地や貸家建付地の方が評価は下がります。相続税対策でよく更地にアパート等を建てるのは、このようなことを考えてのケースも多いものです。

しかし、相続税対策も大事ですが、アパート経営という、入居者がいてはじめて成り立つ商売をやっていくわけですから、その収益のシミュレーションや見込みの甘さによって節税以上の金額を失う可能性もあります。そのため、実行する場合は、建設業者・ハウスメーカーさんのシミュレーションを鵜呑みにするのではなく、十二分に検証してから取組む必要があるといえます。

今までは宅地の評価をしてきましたが、土地には、宅地以外にも農地・山林・原野・牧場・池沼・鉱泉地・雑種地があります。

その中で、農地をみていきましょう。

農地は、純農地・中間農地・市街地周辺農地・市街地農地の4つの区分があります。

これは、市街化区域にある農地は、宅地に近いものである一方、市街化調整区域等の市街化を抑制するような地域にある農地もありますので、それを区分しているわけです。

純農地・中間農地は、固定資産税評価額に倍率を乗じて計算します。

その一方で、市街地に近い場所に位置する農地は、市街地農地として、通常の宅地評価をしてから、その農地を宅地に造成するための造成費を控除して評価します。この宅地造成費相当額は、各国税局が公表する財産評価基準書(評価倍率表)で定められています。

また、それ以外の山林、雑種地なども、倍率方式を使う場合や、宅地と同じ計算をしてから、その状況を勘案して宅地と比準させて調整を加えるなどして評価をしていきます。

第3章 2

# 家屋の評価

次は家屋です。その家屋の評価は簡単です。自用家屋は、固定資産税評価額×1・0のため、固定資産税評価額そのままの金額です。

貸家の場合は、借家人の権利を考慮して、借家権割合（30％）を控除して計算します。

仮に、固定資産税評価額が1千万円の場合は、

貸家の評価＝1千万円×（1－30％）＝7百万円になります。

第3章 3

## 門扉・庭園設備の評価

門や塀などは、再建築価額という、相続時に今建てたらいくらかかかるのかといった費用から、経過年数に応じた減価の額を控除して評価します。

また、庭石や庭木・池などといった庭園設備は、調達価額（相続時の中古価額）×70％で評価します。

ただし、実務上はこの門扉・庭園設備は、あまりにも豪華なものでない限り、申告書で見かけたものはありません。

第3章 4

## 上場株式の評価

上場株式を持たれている方も増えています。証券取引所に上場している株式の評価は以下の４つの価格のうち、最も低い価格を選択することができます。

① 課税時期（亡くなった日）の終値
② 課税時期の月の終値の月平均額
③ 課税時期の前月の終値の月平均額
④ 課税時期の前々月の終値の月平均額

これは、株価は毎日変動しますので、たまたま亡くなった日の株価が高いときに当たってしまえば評価額が高くなってしまうことを考慮して、他の３つの価格と比較して一番低い金額を選択できるようになっています。

②～④の月平均額は、ご自身でも算定しようと思えばできますが、取引している証券会社にその旨依頼すれば、この４つの金額を記載した明細書をもらえます。

第3章 5

## 取引相場のない株式の評価

これは、上場していない同族会社の経営をしている方や、その株式をもっている方が亡くなった場合にでてきます。

証券取引所に上場している株式は日々の価格が分かるため計算できますが、上場していない株は価格が公表されていないため、簡単には計算できません。

非上場会社は大きな会社から小さな会社まで様々あり、株価評価は困難なものがあります。それを一つの基準で株価を決めるわけにもいかないため、その会社の規模の大小や資産の状況、株主構成、配当の状況等により計算します。

計算方法には、上場会社と比較する類似業種比準価額や正味の資産がいくらあるかによって評価する純資産価額、配当金に基づいて評価する配当還元価額があります。

第3章 6

## 現金の評価

財布に残っていた現金、いわゆるタンス預金などの亡くなった日に残っていた現金の価格がそのまま対象になり、評価もそのままの金額になってきます。

そのほか亡くなる1週間前から前日までに多くの預金が引き出されるケースがあります。これは、亡くなったことが金融機関に知れると、口座が凍結になり預金が引き出せなくなることを想定したものです。この引き出しは葬儀費用等に使われるためですが、これも亡くなる日までに使われていない金額は、手許現金としてカウントしなければいけません。その後、葬式費用として使われた金額は、別途、債務控除として差し引く形になります。

第3章 7

## 預金・貯金の評価

銀行預金やゆうちょ銀行の普通預金・定額貯金は、亡くなった日現在の残高で評価します。ただし、定期預金・貯金の場合は、解約利息（所得税等を控除後）を加えて評価する必要があります。これは、定期預金の利息は、普通預金と違って、多少利率が高いためその分の利息も加えなければなりません。解約利息の計算は通常の予定利率と違っていますので、自分では計算しづらいです。そのため、銀行やゆうちょ銀行でその旨申し出れば、残高証明書にその金額を記載して発行してくれます。

第3章 8

## 公社債の評価

国債や地方債、会社が発行している社債の評価は、発行価額に相続開始日までの経過利息（所得税等控除後）を合計した金額となります。

つまり額面金額に経過利息をプラスした金額になります。

また、割引発行された公社債は、文字通り、額面金額よりも安く発行されていますので、その発行価額に、券面額から発行価額の差額のうち課税期間までの経過期間に対応する金額（所得税控除後）を合計した金額になります。

第3章 9

## 貸付信託、投資信託の評価

貸付信託もほぼ同様の評価となり、元本額に既経過収益の額（所得税等の控除後）を加えて、ここから買取割引料を引いた金額で評価します。

証券投資信託は相続開始日の基準価額に口数を乗じてから、源泉所得税と信託財産留保額を控除して評価します。

第3章 10

## 家庭用動産の評価

家庭用動産というのは、什器、家具、衣類、食器類、備品などをいいますが、原則は、1個又は1組ごとに調達価額（中古）の金額で評価します。しかし、1個又は1組の価額が5万円以下のものは、個別に評価せずに、一括してまとめて評価します。実際は、例えば、家庭用動産一式30万円という評価の仕方になります。

第3章 11

## 書画・骨とう品の評価

趣味で書画や骨とう品を収集されている方もおられると思います。この評価は困難です。というのも、人によって価値が異なるからです。有名な画家の描いた絵ならそこそこ値段もするのだろうなと推測しますが、そうではない場合は、いくらの価値があるものなのかわかりません。

しかし、この場合は、それと類似する書画・骨とう品の売買実例価額や、精通者意見価額（その道の専門家）などを参考にして評価することになります。

第3章 12

# ゴルフ会員権の評価

ゴルフが趣味だった方は、会員権を持っておられる方もいらっしゃいます。その評価は、取引相場のある会員権と、取引相場のない会員権に分けられます。

通常は取引相場があると思われますので、取引価格の70％で評価します。

その一方で、取引相場のない会員権は、株式制のもの、預託金制のもの、どちらも必要なものに分けられ、それぞれ、株式として評価した金額、返還時期に応じた預託金等の評価額、株式として評価した金額に返還時期に応じた預託金等の評価額の合計額で評価します。

第3章 13

## 自動車の評価

自動車の評価は、調達価額（中古）の金額で評価します。実際は、中古車のディーラーなどで査定してもらってその金額を参考にして評価することになります。

第3章 14

## 電話加入権の評価

電話加入権は取引相場のあるものは課税時期の取引価額が評価額ですが、これ以外のものは国税局長が定める標準価額で評価します。現在の評価は、1千5百円程度の評価になっています。

# 第4章 遺産の分割方法

この章では遺産の分け方についてみていきます。遺産を分けるといっても、遺言書がある場合も考えられますし、ない場合もあります。遺言書がない場合は、話し合いの機会をもって、財産を分けていくことになります。その分ける方法は大きく3つあります。

第4章 1

# 遺産の分割方法

まずは何といっても遺言書を被相続人が作っていたか作っていなかったかになります。

遺言書には公正証書遺言書、自筆証書遺言書、秘密証書遺言書の3つがありますが、この中で秘密証書遺言書はほとんど使われていません。

まずは、公正証書遺言書についてみていきましょう。公正証書遺言書は、公証役場で作られており、その原本が公証役場に保管されるため紛失の恐れがありませんし、偽造や変造もありません。もう一部が自宅等に保管されているかと思いますが、もしそれが見当たらない場合やそもそも公正証書遺言があるかないかを調べたいときは、公証役場で公正証書遺言書の有無を調べることができますので、一度調べられたい方は、問い合わせてみるのも一つでしょう。ただし、被相続人が健在のときは調べることはできません。

次は、自筆証書遺言書についてです。

この存在の発見は難しいかもしれません。被相続人が重要書類として金庫や引き出しに保管していれば見つかりますが、それ以外ではなかなか見つからないかもしれません。この場合は公正証書と違って、有無を調べる方法はありません。（ただし、民法が大きく改正されて、自筆証書遺言書を法務局に持参してチェックを受けて、保管されるといった制度が始まる予定です。この場合は後ほど記載する検認は不要になります。）また、もし、自筆証書遺言書が見つかった場合は、勝手に封を開けたりして中身を見てはいけません。

それをそのまま家庭裁判所にもっていき、〝検認〟という手続きを受ける必要があります。これは、遺言書の偽造・変造を防ぐための検証手続きのことで、証拠保全をするものです。

この検認手続きを経て、その遺言書が効力を持ってきます。公正証書遺言書の場合は、この検認手続きは必要ありません。したがって、相続人の手間を考えると、検認がいらない公正証書遺言書の作成をお薦めします。

ところで、いずれの遺言書も、法定相続分に優先し適用されますので、この遺言書の有無の把握が一番になります。

遺言書は、遺言執行者という人を付けるのが一般的です。相続人はその遺言執行者にしたがって、相続手続きを進めていく必要が出てきます。もっとも、遺言書があったけれど、相続人・受遺者で協議して、遺言書と違う配分で分けることについて全員が合意すれば、遺言書と異なる分け方をすることが可能です。

遺言の現状は、まだ普及しているとはとても言い難く約10％程度しか遺言書が作られていません。自分が亡くなるという前提になるため、まだ先のことだと考えているケースも多いですし、あまり触れたくない場合もあります。また遺言書を作ることで、かえって揉め事を引き起こすことも考えられます。例えば、相続人ではないある特定の人に全財産を渡すという遺言書だと、容易に将来揉めることが想像できます。

遺言を残しているケースはまだめずらしいです。遺言書には、誰にどの財産を渡すかなどの指定ができるのですが、その他、法律的な効力はありませんが、〝付言事項〟という最後に伝えておきたいメッセージを記載することができます。これはなぜ、このような財産分けをするという考えに至ったかの理由や、生前の想い、今後の家族の暮らす上での意向、いままでの感謝の気持ち、いままでの謝罪の言葉などを付け加えるケースが増えています。それを記載することで相続トラブルを防ぐ効果が期待できるものになります。

遺言書がない場合は、相続人同士で話し合いを行い、誰がどの財産を取得するかを決めなければなりません。

ここで上手く話し合いがまとまれば、その合意に基づいて、名義変更等の手続きに移ります。しかし、上手くまとまらないケースも出てきます。そのときでも相続税の申告期限がきますから、このときは、法定相続分で取得したと仮定して相続税額の計算をして申告期限までに納付することになっています。

ただし、未分割（分割できていない）の場合は、配偶者の税額軽減規定や、小規模宅地等の特例などの優遇規定を使えません。したがって、その特例がないものとして計算して納税しますから、多めの相続税を払うことになってしまいます。

もっとも、申告書と同時に3年以内の分割見込書を提出しておくことで、申告期限後に分割協議が整うと、払い過ぎた相続税を取り戻す手続きをすることができます。しかし、いったんは、多めの相続税納付をしなければいけませんので、申告期限までに分割協議を整えるのが得策といえるでしょう。

第4章 2

## 現物分割

遺言書がなかったときは、相続人間で話し合いをして、実際の遺産の配分を決めていくことになります。その遺産を分割する方法としては、現物分割、換価分割、代償分割の3つがあります。

まず、現物分割は、一般的に行われているほとんどの方法です。これは、被相続人の財産一つ一つを具体的に相続人の誰が取得するかを決めていく方法です。例えば、A土地は長男が取得して、B銀行の普通預金は長女が取得、C株式は次女が取得するといったように具体的に現物を分けていくやり方です。

これは分かり易い分け方ですので、通常はこの方法をとります。

第4章 3

## 換価分割

次に換価分割です。これは、相続財産が不動産で分割しにくいため売却してお金に換えて、相続人間で分配しようという分け方です。これも分かり易いと思います。例えば、被相続人の財産が自宅のみで、相続人が3人だった場合は、この自宅を売却して、そのお金を3人で分けようというようなケースが考えられます。ただし、この不動産の売却には、所得税等の税金がかかってきますので、その分、財産が目減りしますので注意が必要です。

それではこの場合の相続税の申告書はどのように書くのでしょうか？これは、売却した金額で記載するのではなく、あくまでも亡くなった日現在の評価額を計算して、通常通りの土地建物の評価額で計算するだけです。それを誰がどのように取得したかを決めるだけになりますので、換価分割をしたからといって、先ほどの現物分割と評価が変わるわけではありません。変わるのであれば、分け方によって有利不利が出て不公平になってしまいます。

これは評価の問題ではなく、その評価したものをどのように分けるかの問題です。

また、お金に換えてしまわずに、現物を相続人みんなで共有（持分）するという考えもあります。例えば実家の土地建物を相続人3人の共有名義に換えてしまうというやり方です。

しかし、この共有は、将来その共有者に相続が起こると、その持分をさらに相続人が取得するため、だんだんと権利関係が複雑になっていきます。その不動産をその時点で売却するにしても全員の同意や印鑑が揃わないとできませんので、非常に使い勝手の悪い不動産になってしまいます。俗にいう、〝共憂（ともに憂う）〟状態になり、問題の先送りになりかねません。

したがって、親と長男といった共有で、いずれその親が亡くなり、長男一人の単独名義になると見込めるケースはよいのですが、兄弟間の共有は、一見平等に持分を持つということで納得がしやすいのですが、これは単なる問題を次の世代へ送るということで、問題がこじれる元になりますので、今回の相続で単独名義にした方が無難といえます。今の世代で解決できないことは、次の世代、さらに次の世代で解決することはより一層困難になることは目に見えています。

第4章
4

# 代償分割

最後に代償（だいしょう）分割です。

代償分割というのは、財産の大半が事業用の財産で、事業承継者である長男が使っているなど、これを他の相続人が取得すると事業に支障が出てくる場合も考えられます。そこで、長男がその財産を相続する代わりに、他の相続人には、長男から現金等を渡すということが行われます。ただし、この場合は、長男に相応の固有の預貯金等の財産がなければ、渡すことができないため、長男の資力の有無がポイントになってきます。

また、相続財産が実家の土地建物のみというケースもあります。以前から親と同居している子がおり、他に相続人である子2人がいたとしても、その土地・建物を同居していた子が取得できないと困る形にもなります。そのため、同居していていた子がその土地建物を一人で相続して、他の2人には現金で相当分を渡すという方法がとられることになります。

この場合の相続税申告書はどのように書くのでしょうか？これは、まず土地と建物は、通常通りの評価をします。次に、現金で渡す金額（代償金）をその子からマイナスします。その一方で代償金をもらう人は、その代償金が相続財産になり、それに対して相続税がかかってきます。

# 第5章
# 相続税申告で使うことが多い特例

相続税は財産に対して課税されますが、その財産の中には、生活している自宅や事業用で使っている土地など、そのまま課税対象にして多くの相続税がかかると、自宅をやむを得ず売却せざるをえないケースや、事業が立ちいかなくなるときも想定されます。そこでそのような用途で使っている土地については、特例を用意して、大幅に課税対象の評価額を少なくしたり、税額を軽減するような規定を設けています。その中でも、配偶者の税額軽減規定と、小規模宅地等の特例が多く使われています。配偶者の税額軽減規定は、すでに説明していますので、この章では、小規模宅地等の特例についてみていきたいと思います。

第5章 1

# 小規模宅地等の特例の概要

被相続人が自宅や事業で使っていた土地は、相続人が生活を維持していくうえで必要不可欠なものであるため、一定の条件を満たしたときは、評価額を最大80％引きにするという大きな規定です。この要件を満たしますと、大幅に相続税額が少なくなります。例えば、通常の土地の評価が1億円であった場合は、この特例を使うと2千万円の評価に変わり、8千万円もの評価が下がるわけです。ただし、適用要件が決められていますので、それを満たさないとこの特例は受けられません。

この特例は4つに分かれています。

① 特定居住用宅地等

一番適用が多いのはこの居住用の特例です。これは、被相続人が居住していた宅地等で330㎡までの部分は、80％減額になるものです。それでは、この要件です。

以下のいずれかに該当する場合は、その適用が受けられます。

イ 配偶者の場合

配偶者が取得する場合は条件がありません。配偶者が取得するだけで適用になります。

ロ 被相続人と同居していた親族で、申告期限まで引き続き所有し、かつ居住していること

同居していた親族もその自宅敷地は生活基盤になっていますから、これを失うと困ります。そこで、配偶者よりは条件がありますが、申告期限まで所有して住み続けていれば適用できます。これも要件的には問題ないでしょう。

（注）特定居住用宅地等には、養護老人ホームへの入所など一定の事由により、直前まで被相続人が居住用として使っていた土地を含みます。

ハ　配偶者や同居親族がいない場合で、取得する親族が相続開始前3年以内に、本人または本人の配偶者、3親等以内の親族、特別の関係がある一定の法人所有の家屋に居住しておらず、申告期限まで所有すること、また相続開始時に住んでいる住宅について過去一度も所有したことがないこと

この〝ハ〟のパターンはよく読まないと分かりません。まずは、配偶者が健在の場合や同居親族がいたら、その時点でこの〝ハ〟は使えません。

そのため、配偶者がすでに亡くなっており、かつ同居親族がいないことを確認してから次の要件に進みます。次は、相続開始前3年間の話になりますが、その間にその土地を取得しようとしている人とその妻、3親等以内の親族、特別な関係がある一定の法人が所有している家屋に住んでいた場合は適用できません。これも満たしていると、申告期限まで取得する土地を所有したら大丈夫です。次に、相続開始時に住んでいる住宅について過去一度も所有したことがないことを確認してようやく適用されます。このように〝ハ〟のパターンで受けようとする場合は、慎重にひとつひとつ要件を確認していくことが重要です。

ニ　被相続人と生計を一にしていた親族が、申告期限まで引き続き所有し、かつ自己の居住用にしていること

これは、被相続人ではなく、被相続人が所有していた土地に生活が共同になっている（財布が一つで生活している状態）親族が住んでいた場合で、その親族がそのまま申告期限まで所有して住み続けた場合に適用できます。これも要件は厳しくないと思います。

この4パターンのうち、どれかを満たせば、特定居住用宅地等として、330㎡まで80％減額の適用が受けられます。

また、最近増えてきた、いわゆる二世帯住宅については、建物を親と子のそれぞれが区分登記していた場合は、被相続人の対応部分の土地のみが適用されますが、区分登記をしていなければ、親と子両方に対応する土地の部分が対象になります。したがって、二世帯住宅で、より多くの小規模宅地等の特例を使おうと思えば、区分登記をしてはいけません。建物はすべて親名義にしておけば面積基準を満たすと、すべてこの特例の対象になります。

② 特定事業用宅地等

①は居住用の話でしたが、今度は事業用として使っていた土地の場合です。

イ 被相続人が経営していた事業を、事業を引き継ぐ親族が取得して、申告期限まで継続してその事業をしていること

自営業（例えば、その土地で飲食店を経営）していたケースがわかりやすいでしょう。

その土地を事業承継者である長男が取得してそのまま申告期限まで、そのご商売をされたときは、生活基盤を維持するため、この特例が使えます。

ロ　被相続人と生計を一にしていた親族が、申告期限まで引き続き所有し、かつ自己の事業用にしていること

このケースは、土地は被相続人のもので、生活が共同になっている（財布が一つで生活している状態）親族である息子が自営業（例えば、その土地で飲食店を経営）をしていて、その土地を取得して、そのまま申告期限までその商売を継続したときにこの特例が使えます。これも要件は難しくないでしょう。

このいずれかを満たせば特定事業用宅地等として４００㎡までの部分は80％減額になります。

しかし、注意点は、この事業内容が不動産貸付等は除かれています。不動産貸付等の場合は、次に出てくる③での適用になってきます。

また、小規模宅地等の特例に該当する土地が複数ある場合は、①特定居住用宅地等と②特定事業用宅地等の特例は併用して適用することができます。つまり、最大で合計７３０㎡まで可能です。

③　貸付事業用宅地等

これは少し適用面積と減額割合が小さい規定になっています。

これは②特定事業用宅地の特例の事業が不動産の貸付事業だった場合がこの規定です。

イ　被相続人が不動産の貸付事業を行っており、引き継ぐ親族が取得して、申告期限まで継続してその貸付事業をしていること

ロ　被相続人と生計を一にしていた親族が、申告期限まで引き続き所有し、かつ自己の貸付事業をしていること

この貸付事業用宅地等は、200㎡部分までは50％減額になります。

ただし、相続開始前3年以内に新たに貸付されたものは除かれます。

（平成30年3月31日以前から貸付されているものは適用されます）

このほか、少し細かな適用要件がこの貸付事業用宅地等にはあります。

④　特定同族会社の事業用宅地等

これは、同族会社（不動産貸付事業を除く）を経営していて、その同族会社に貸し付けている宅地等について、その法人の役員である親族が取得して、申告期限まで、持ち続けた場合に400㎡まで80％減額になる特例です。

小規模宅地等に該当する宅地が複数あるときに、特例を受けようとする中に貸付事業用宅地等があれば、次の計算によって限度面積の調整を行います。

（特定事業用宅地等＋特定同族会社用事業用宅地等）×200／400＋特定居住用宅地等×200／330＋貸付事業用宅地等≦200㎡

例えば、相続する小規模宅地等に該当する宅地が2つあり、そのうち特定居住用宅地等が66㎡、貸付事業用宅地等が150㎡の場合は、66×200／330＋150＝190≦200のため、どちらも限度面積まで2つとも適用できます。

ただし、貸付事業用宅地等がない場合は、特定事業用宅地等と特定同族会社事業用宅地等は合計で400㎡までと、特定居住用宅地等は330㎡までのどちらも限度額いっぱい（730㎡）まで使えます。

この小規模宅地等の特例は大きな効果が期待できるのですが、申告期限までに遺産分割協議が整っていない場合は、適用できません。

もっとも、分割見込書を申告書に添付しておき、申告期限から3年以内に分割することができれば、多めに支払った相続税は後日還付を受けることができます。

しかし、当初の納税は、この適用前で計算しなければいけないため、かなり大きなものになっているといえます。いったんは納税資金を用意しないといけないことを考えると、分割協議を無事整えることが得策といえます。また、すべての財産の分割が決まらなくても、小規模宅地等の特例を受けたい土地だけでも、取得する人が決まって、分割協議書をその分だけでも作っておくと、この特例が使えますので、全部の財産の分割が折り合わなくても、少なくとも土地だけは申告期限までに取得者が決定できるようにお互いに配慮することが納税資金を考えるうえで有利になります。

# 第6章
# 申告書の注意点

この章では、相続税の申告をするうえで考えておかなければならない注意点についてみていきましょう。

第6章 1

## 名義預金

相続税の申告で一番困難なのが、これかもしれません。この〝名義預金〟というのは、通帳の名義自体は配偶者・子・孫等になっていても、実質の所有者（資金の出元）は、亡くなった夫というものです。

この典型例として、専業主婦である奥様名義で預金通帳に1億円の残高がある一方で、ご主人名義の預金が5百万円というようなケースです。

この奥様は若くして結婚して、それ以来、ずっと専業主婦をしていた場合、奥様のご実家からの相続財産を取得したものでもなければ、預金残高が1億円というのは不自然な印象があります。宝くじでも当たっていれば別でしょうが、そうでなければ、どのような説明が付くでしょうか。

このような預金をどう扱うべきなのかが問題になってきます。

もし、その奥様名義の資金の出所の説明がつかなければ、これは、ご主人の相続財産に含めて申告書を作成する必要が出てくるでしょう。つまり、預金の名義は関係なく、実質的に誰のものかで判断する必要があるわけです。

また、別の例を挙げてみましょう。

お孫さん名義の預金に、祖父が毎年110万円づつお金を振り込んで通帳に実績を作っていました。年間110万円のため、贈与税の申告も不要だということで、20年間に渡って、同じように続けていました。預金残高を見ると、約2200万円超の金額が貯まっていることになります。しかし、お孫さん名義の通帳と印鑑は祖父が管理していて、お孫さんはその預金自体の存在を知りません。この状態で祖父が亡くなった場合は、その預金はどうなるのでしょうか。

名義自体は確かにお孫さんのため、相続財産ではなさそうな気はします。しかし、実態を見てみると、お孫さんは通帳のありかも知らず、お孫さんが使った形跡もありません。

もし、税務調査時に、祖父の机の引き出しからお孫さん名義の通帳が出てきたら、これは誰のものでしょうか。この場合は、祖父の預金を預け替えただけ（保管先を変えただけ）になるため、祖父の相続財産にカウントされることになるでしょう。

たとえ机の引き出しから出てこなくても、税務署は、お孫さん名義でも金融機関等に税務調査の前に照会をかけて、残高等をつかんでいると考えられます。税務署は、相続税の申告書の提出を受けると、その申告書に記載されている金融機関等（ゆうちょ銀行含む）、証券会社等に被相続人以外にも妻をはじめ、相続人、その孫等にどのくらいの預金等があるか照会をかけます。そこで、お孫さん名義で多額の預金があると本当は誰の財産なのか確認作業に入ります。また、自宅周辺や勤務先周辺の申告書にあがっていない金融機関にも照会をかけているともいわれています。そのため、分からないだろうと勝手に考えて申告書に書かないということは避けた方が無難です。結局は、分かってしまいます。

ここで、贈与というものを考えてみます。前のページのところでも触れていますが、贈与は民法に定められていて、『贈与は、当事者の一方が自己の財産を無償で相手方に与える意思を表示し、相手方が受託することによって、その契約を生ずる』となっています。つまり、一方が『あげます』、相手方が『いただきます』といって初めて成立するものです。

したがって、『あげます』という一方的なものは贈与ではなく、きちんと相手方が『もらいます』というものがないと成立していないことになります。先ほどの祖父とお孫さん名義の預金をこの点から考えると、お孫さんは、『もらいます』とはいってはいません。

つまり贈与契約が成立していないわけです。そのため、相続税の節税を考えて、毎年こまめに振込をしていても意味がなかったわけです。

逆にいえば、贈与の立証ができるようにしておけば、有効な手段になってきます。

つまり、相手方が管理している通帳に振り込んで、贈与契約書をその都度交わしておく、贈与税の申告が必要な金額であればきちんと贈与税の申告と納税をしておく、通帳と印鑑はもらった側が管理し、日常使っておくなど、贈与の事実がわかるように対策をしておきましょう。

第6章 2

## 名義株式

名義預金があれば、名義株式というものもあります。これは預金が株式に変わっただけです。これも同様で、名義の人と、実質的な株式の所有者が異なっているものです。これも同様に、株式の購入したときの資金がどこから出ていたのか、証券口座開設時の筆跡・使用印鑑など本人のものかどうかが判断基準になってきます。名義預金と同じで、名義借りのものは、相続財産に含めて申告する必要があります。

第6章 3

## 生命保険金

生命保険契約にも注意が必要です。

生命保険は、契約者・被保険者・受取人の三者が誰であるかによって、相続税、贈与税、所得税のいずれになるかが決まります。

契約者（保険料負担者）が被相続人の場合は、相続税の対象になってきます。

また、契約者と保険金受取人が同じ場合は所得税の対象に、契約者と保険金受取人が異なる場合は贈与税の対象になってきます。

相続税の対象になるのは、契約者が被相続人の場合ですが、被保険者（保険事故の対象になる人）が被相続人のときと、それ以外のときがあります。

被保険者が被相続人の場合は、保険金が受取人に支払われますから相続税の対象になることは分かりやすいです。

しかし、被保険者が被相続人以外のときは、まだ被保険者は健在です。この場合は、この保険を解約したときの返戻金部分が相続財産に入ってきます。例えば契約者である夫が亡くなっても、被保険者である妻は健在であるケースでは、死亡保険金はおりません。しかし、解約返戻金相当額を、『生命保険契約に関する権利』として、相続財産に加える必要があります。

第6章 4

## 生前贈与

生前贈与はよく使われており、将来の相続税が多く見込まれるときには早い段階から活用していくことで有効な節税策になります。

一人当たり、暦年で110万円までは贈与税がかかりませんから、それを複数人に何年もかけて贈与していくと、大きな財産が生前に移り、相続税を減らすことが可能です。実行は早く、多くの人にということがポイントです。

年間100万円を5人に毎年20年間にわたり、継続して贈与すると、100万円×5人×20年＝1億円移ることになります。

したがって、相続財産がどの程度になるかにもよりますが、土地にアパートを建設して貸すといったことで、土地の評価を下げるよりも、この生前贈与と適切な生命保険契約だけでも十分なケースが多いものです。アパート建設は、入居者が今後とも継続的に入り家賃を入れてくれて初めて成り立つ商売ですから、単なる評価減を考えただけのプランはお勧めできません。もし、実行するならば、綿密なシミュレーションと将来の家賃予測、入居率、修繕費をしっかり見込んだうえで、それでも採算が合いそうであれば実行を検討されてもよいかと思いますが、今までアパート経営をしたことがないのに、相続税対策だけでやっていくのは慎重にされた方がよいと思います。アパート事業という経営者になるという自覚が必要といえます。決して不労所得ではありませんし、楽な商売ではありません。

この贈与ですが、多少、贈与税の負担が出てもよいのであれば、年間310万円までの贈与は10％の贈与税（20万円）です。これを使うと、先ほどの例では、300万円を贈与するとして300万円×5人×20年＝3億円移る計算になります。贈与税額は2千万円かかりますが、財産額が多く将来の相続税率が高い場合は、10％の贈与税率の負担で生前に贈与しておくのも一つの手になります。

ただし、相続のときに財産をもらう人が、相続開始前三年以内に贈与を受けている金額は、加算の規定がありますので、相続人でない人（孫等）へ贈与をするか、又はかなり以前から贈与を実行して、直近は避けておくという選択もあるでしょう。加算された贈与で、贈与税が発生していた税額は、相続税で控除できます。控除しきれなくても贈与税額の還付はありません。

これ以外の主な生前贈与の規定としては、住宅取得等資金の贈与の特例や、結婚・子育て資金の一括贈与にかかる贈与税の非課税規定、教育資金の一括贈与に係る贈与税の非課税規定、婚姻期間が20年以上の配偶者へ居住用不動産又は居住用不動産を取得するための金銭の贈与の特例などがあります。

それでは、ひとつひとつ見ていきましょう。

## ①　住宅取得資金の贈与の特例

これは利用される方が多い規定です。親や祖父母から20歳以上の子や孫の住宅用家屋の新築・取得や、増改築に充てるための金銭を贈与した場合には、一定の要件をみたしたとき、一定金額が非課税になる規定です。この非課税限度額は、契約日、消費税率、省エネルギー性・耐震性を備えた良質な住宅用家屋・それ以外の住宅用家屋の違いによって異なります。

２０２０年３月31日までに契約した消費税率が８％又は個人間で中古住宅を売買した一般住宅は７００万円、良質な住宅は１２００万円までの贈与が非課税になります。

また、2020年3月31日までに契約した消費税率が10%の一般住宅は2500万円、良質な住宅は3000万円までの贈与が非課税になっています。

このように国としても住宅資金の援助の後押しを行い、持ち家を推進しているといえます。

### ② 直系尊属から結婚・子育て資金の一括贈与を受けた場合の非課税

これは親や祖父母から20歳以上50歳未満の子や孫の結婚・子育て資金に充てるために1千万円（うち結婚費用については3百万円）まで一括して贈与した場合、非課税になるという制度です。ただし、信託銀行等の金融機関と契約が必要で口座を開設して、そこに一括して贈与をしなければなりません。そこから子や孫は結婚・子育て資金に充当していきます。もし、贈与後、贈与者である親や祖父母が亡くなった場合は、その時点の残金が、相続税の計算上、加算されてしまいます。この点が、次に説明する教育資金の一括贈与との大きな違いです。そのため、残金がなくなるように早めに使い切ることが節税策につながります。また子や孫が50歳になって使い切れていない金額があれば、その残りの金額に対して贈与税がかかります。

### ③ 直系尊属から教育資金の一括贈与を受けた場合の非課税

親や祖父母から30歳未満の子や孫の教育資金に充てるために1500万円まで一括して贈与した場合、非課税になるという制度です。ただし、信託銀行等の金融機関と契約が必要で口座を開設して、そこに一括して贈与をしなければなりません。そこから子や孫は教育資金に充当していきます。

もし、贈与後、贈与者である親や祖父母が亡くなった場合、何年前であっても持ち戻しされません。また相続開始前3年以内贈与に該当しても、これも加算されません。

この制度は一括贈与ですが、それとは別にその都度贈与は従来からあり、例えば祖父がお孫さんの大学の授業料をその都度出してあげた場合は、そもそも贈与税は非課税ですので、一括贈与はよほどの資金余力があるかどうかも実行するかの判断基準になります。いったん一括贈与をしてしまうと簡単には引き出せませんので、事前に慎重な判断がいります。

子や孫が30歳になって使い切れていない金額があれば、その残りの金額に対して贈与税がかかります。

## ④ 贈与税の配偶者控除の特例

婚姻期間20年以上経った夫婦間で居住用不動産又は居住用不動産を取得するための金銭の贈与をしたときは、2千万円までは贈与税の負担なしで移すことができます。つまり生前に配偶者名義に変えることが可能です。これは別名〝おしどり贈与〟と呼ばれています。またこれは相続開始前3年以内に該当しても、持ち戻しはありません。ただし注意点があり贈与税はかかりませんが、名義変更の登記するときに登録免許税等の税金はかかってきます。また、同じ配偶者からは1回しか使えません。

遺産が多く高額になればなるほど、相続税は超過累進税率となり、高い税率区分が適用されます。その2千万円分もの金額が下がることによって、高い税率部分が減少するために節税につながります。

それ以外にも、生前に配偶者に名義を変えるといった心情的な配慮もあります。

ただし、この贈与は将来の相続を考慮して考える必要がありますので、得策になるかどうかは、シミュレーションが必要です。

第6章 5

## 相続時精算課税制度

この制度は、今まで説明してきた暦年課税方式の規定との選択制で、2500万円までの贈与には、贈与税をかけないというものです。また、2500万円を超える部分は一律20％の贈与税がかかります。

例えば1年目は2500万円の贈与を受けても贈与税は0円になります。翌年に500万円の贈与を受けると、500万円×20％＝100万円の贈与税の納付が必要です。さらに5年後に100万円の贈与を受けると、100万円×20％＝20万円の贈与税の納付というようになっていきます。

いままでの110万円控除よりも、よほど良い話のように思えますが、実際に相続が起こったときは、この贈与分を何年前であっても、加算して申告しなければなりません。

その加算する金額は、その贈与時の価格に固定されますので、将来値上がりが見込めるものの贈与であれば有利といえるかもしれません。逆に、値下がりしてしまえば、高い価格で加算されますのでこの場合は損な取り扱いになってしまいます。結局は、将来の相続時に持ち戻しされてしまうため、節税策とはならない面は多いと思われますが、生前のうちに財産分けができますから、贈与者の意思表示になりますし、お金がいる世代に、早い時期に財産が移るという意味では使えるかもしれません。

ただし、注意点は、1回この制度を使いますと、暦年課税方式に戻ることはできませんので、選択には慎重さが要求されます。

また、誰でもこの制度が使えるのではなく、贈与者（あげる方）は、贈与をした1月1日で60歳以上の父母や祖父母で、受贈者（もらう方）は、贈与を受けた年の1月1日で20歳以上の推定相続人及び孫である直系卑属になっています。

また、最初に贈与を受けた年の確定申告時に、贈与税の申告書と一緒に『相続時精算課税選択届出書』を添付する必要があります。

また、父からの贈与は相続時精算課税制度の適用、母からの贈与は通常の暦年課税方式という選び方ができます。ただし、父からの贈与をこの精算課税制度を選択すると、それ以降、父からの贈与はすべて精算課税制度の利用になります。

実際に相続が起こると、この精算課税制度を使った場合は、相続開始前三年以内という範囲はなくなり、この制度を利用してからのすべての贈与財産が加算されてしまいます。また、相続開始前三年以内贈与加算の規定とは異なり、生前に贈与税を払って、相続時に贈与税額控除の適用が受けられますが、これでもし相続税額がマイナスになれば、この分は還付されることになっています。また、三年以内贈与加算の規定は、相続や遺贈によって財産を取得した人に限って適用されるものでしたが、精算課税制度利用者は、実際の相続時に財産を取得しなくても加算の適用がありますので、気を付けたいものです。あくまでも相続時に精算するという仕組みになっています。

# 第7章

# 留意事項

この章では、相続税の申告にあたって、どのような税理士に依頼したらよいのか、相続人間で揉めるとどのような影響が及ぶのか、申告期限に間に合わなかったらどうなるのかをみていきます。

第7章 1

# 税理士の選び方

相続税申告は、少しは馴染みのある所得税の確定申告と違って、毎年あるものではありませんし、日頃、接する機会もないものです。

また日常、話題に上ることも少ないです。出てくるのはテレビドラマくらいでしょう。

確かに、税務署に行くと相続税の申告書が置いてあるのですが、あの申告書を見ても、なかなかスムーズに書けるものではありません。馴染みがないわけですから、申告書の書き方を読もうとしてもなかなか進みません。当事務所にも、一回申告書を見るのはみたけど、やっぱり自力でやるのは断念しましたという方も多数います。申告書の書き方も、医療費控除は、次の年以降もその知識が使えますが、相続税は一生のうちに何度も起こるものではないため、せっかく覚えても、次に活かす機会がありません。

そこで相続税の専門家に頼むわけです。ここで問題なのが、誰が適任者なのかという点です。まず、税理士以外にも弁護士や司法書士といった専門家がいます。それぞれの分野の専門家ですが、相続税申告は税理士にしか代理ができません。そこでこの分野は税理士に頼むわけですが、税理士といっても会社の顧問になって決算申告をする人、個人商売の税金が得意な人、不動産の譲渡が得意な人、相続税申告が得意な人といったように、得手不得手がそれぞれあります。一番分かりやすい身近な専門家がお医者さんでしょう。お医者さんも、内科や外科、小児科、産婦人科、胃腸科など、たくさんの専門分野に分かれています。虫に刺されたときに、産婦人科や胃腸科に行く人はまずいません。それは虫に刺された人が、お医者さんの専門分野を見て自然と判断しているわけです。

それと同様に、相続税の申告は、相続税に強い税理士に依頼しないと良いアドバイスが受けられない可能性がでてきます。この選び方は、その後の申告に大きな影響を与えてしまいますので、慎重に選ぶ必要があるといえます。

税理士を選ぶと、その後は、その税理士と申告書が完成するまで様々な書類のやり取りや打ち合わせが続きます。税理士は守秘義務がありますので、安心して家庭の事情や財産の状況などを伝えてください。

第7章 2

# 円満な相続が一番

相続は、争族に発展せず、今までと同様の変わらない円満な親族関係を続けていくことが最良です。いくら多くの財産をもらっても、少しの感情のもつれがきっかけになって、その後、兄弟姉妹間で音信不通になってしまったり、家庭裁判所の調停に発展したり、その先の裁判といったものになってしまう可能性すらあります。

そのような状況になるのであれば、むしろ財産がなかった方が良かったのかもしれません。やはり、お互いに譲り合う心が必要でしょう。ウチに限ってそんな揉めるほど多くの財産がないから大丈夫と思うかもしれませんが、実際、家庭裁判所の調停件数の統計をみると、財産があまりない家族ほど、揉めているケースが多いものです。揉めて得をする人は誰もいないことは分かっているのですが、感情のもつれから意地になってくる人も出てくるわけです。

相続税申告においても申告期限までに分割協議が整わないと、今まで説明してきた有利な特例が使えませんので、仲良く分割するのが、納税面においても今後の親族関係においても最善の結果を生みます。

第7章
3

# もし申告期限に申告・納税できなかったら

相続税申告書の提出期限は、『相続開始を知った日の翌日から10か月以内』になっています。もし、2月8日に亡くなった場合は、12月8日が提出期限になります。もしその日が土日祝に当たる場合は、その翌日になります。

相続税の申告は、基礎控除額を超えて、かつ実際に納税額がある場合に提出義務があります。ただし、配偶者の税額軽減規定や小規模宅地等の特例などを使って、納税額が0円の場合は、申告してはじめて適用されますので、このときは納付額はありませんが提出だけは必要になります。

また、納付期限も申告期限と同じ日になります。納付期限を過ぎて納付した場合には、きちんと期限を守った人とのバランスを取るために、延滞税がかけられます。

その延滞税は、納期限の翌日から2か月以内と、2か月超とでは大きく税率が変わってきます。2か月超の場合は、年約9%もの高率な延滞税がかかってきます。2か月以内であれば、特例基準割合+1%で計算されるため、年約3%になります。

そのため、このような余計な税金がかからないように期限を守るとともに、たとえ期限を過ぎてしまっても、2か月以内にできるだけ早く納付するようにしましょう。

また、期限内に申告できなかった場合は、無申告加算税というペナルティの税金もかかります。これは、申告期限を過ぎて自主的に申告した場合は、本税の5％が追加でかかります。

また、税務調査があって指摘されたのちに申告する場合は、本税の15％の無申告加算税がかかります。また、本税が50万円を超える部分の税額については本税の20％もの加算税になります。

# 第8章

# 相続税調査

テレビドラマを見ていると税務調査の話題やシーンが出てくることがあります。この章では税務調査とはどのようなもので、どういう流れになっているのかを見ていきたいと思います。

第8章 1

# 税務調査とは

税務調査と聞いてどのような印象を持たれるでしょうか？きっと良い印象はないと思います。一般の方は、今まで調査を受けた経験もないし、税務署が来ると聞いただけでイヤな気分になります。これはもっともです。

ただし、税務調査は大きく分けて、強制調査と任意調査の2種類あります。テレビドラマで出てくるマルサ（国税局査察部）の調査は強制調査です。しかし、このような調査にあたることは滅多にありませんし、よほどの多額の資産家で、かつ大きな脱税が見込まれるケースになりますから、まずこの調査が入るといったことは考えなくても大丈夫です。

この強制調査とは異なり、通常の調査は任意調査で、管轄税務署の資産税担当の調査官が来る調査になります。あくまでも任意調査ですので、納税者の協力があってはじめて成り立つ調査がこちらです。

そのため、勝手に家に上がりこんできて、机の中やタンスの中や押し入れなどを開けて調べまくるといったものはありません。それはテレビドラマの見過ぎです。必要以上に心配することはありません。

とはいっても、一般の方は税務調査など受けたことはありません。会社を経営されている方は、会社の調査で受けられたことがあるかもしれません。その場合は、どういうものなのかある程度は感覚がつかめると思います。

その調査ですが、実際に被相続人の自宅に出向く調査は約30％といわれています。

ほかの税目と比べて結構多い割合です。また、調査に入って申告漏れ等が見つかる割合は約８０％を超えています。ということは、税務調査は、何らかの指摘事項があって調査に来ると考えるのが妥当といえます。

第8章 2

## 調査対象者の選定基準

その調査の対象はどうやって選ばれていくのでしょうか？選ばれやすいものを見ていきましょう。

相続税の申告書が税務署に提出されると、その申告内容が正しいかどうか、まず税務署の中にある資料を使って調査を行います。その中で、実際に実地調査（被相続人又は相続人の家に実際に訪問する調査）に選ばれるのは、どのような基準があるのでしょうか。

以下のものが考えられます。

①　生前の所得税の確定申告の所得の状況から考えて申告額が少ないもの
②　現金、預貯金などの申告が極端に少ないもの
③　土地評価が明らかに間違っているもの
④　亡くなる直前に多額の預金が引き出されているのに、その金額が手許現金として申告書に載っていないもの
⑤　家族名義の預金や株式が多いもの
⑥　預貯金の過去の履歴で多額の引出が複数あり、その使途が判断できないもの
⑦　生前に不動産の譲渡等があり、多額の収入があったのにもかかわらず、申告書に反映されていないもの
⑧　預金通帳に配当金の入金があるのに、その対応する株式の銘柄が上がっていないもの
⑨　同族会社への貸付金があったが、それが載っていないもの
⑩　亡くなる前3年以内に相続人へ贈与が行われたが、それが反映されていないもの
⑪　相続時精算課税制度を使って、贈与が行われていたのに、申告書に上がっていないもの
⑫　申告書の財産額に比べて、多額の葬儀費用やお布施などが計上されているもの
⑬　孫名義の預金通帳に多額の残高があるもの

⑭ 被相続人の職業や地位などを勘案したとき総合的に見て調査の必要性があると判断したもの
⑮ 借入金が多額にあるのに、それに見合う財産があがっていないもの
⑯ 特例の要件を満たしていないのに、適用しているもの
⑰ 生命保険金の請求をしていないからといって、申告にあげていないもの
⑱ 相手方が個人の借入金が多額に計上されており、真相が不明なもの
⑲ 申告された財産総額が多額のもの

以上のものに該当する場合は、調査の可能性が高くなります。

第8章 3

## 実際の調査の流れ

実際の実地調査の流れをみていきましょう。

調査は、まず税務署からの一本の電話で始まります。申告書を税理士が作成している場合は、税理士に電話がかかってきます。そこで、調査に行きたい旨が伝えられ、先1ヶ月以内の平日で、相続人の都合の良い日を調整してもらいたいと連絡を受けます。その電話を受けると、税理士が代表相続人のところに電話をして日程調整をします。そこで、日程を決めて、再度税務署に電話をして日程が決

まります。通常、現地調査は一日で終了します。

いよいよ調査当日です。ここからはその当日の一般的な流れです。当日は、午前10時に税務署の資産税署員2人が被相続人宅又は相続人宅に来ます。

調査はその日の16時までというのが一般的になります。午前中は、税務署員と会話のやり取りが多く、お昼休みを挟んで午後からは通帳等の現物確認や、書類の保管場所などの確認、家庭用動産等の確認になります。また、貸金庫等が銀行にあれば、現地確認をする場合もあります。

調査は一日で終わりますが、その後、税務署は当日の状況を踏まえて検討して、税理士に後日連絡してきます。そこで、話し合い、最終的に申告漏れがあれば、修正申告をするか、修正申告しないで、税務署からの更正（税務署からの通知）を待つかのいずれかになります。

修正申告をする場合は、修正申告書を作成し、その追徴税額を納付します。納付後、延滞税や過少申告加算税の税金が税務署から納付書が届きそれを納めて、ようやくこの調査が終了になります。

その一方で、修正申告をしなくて税務署からの更正があった場合は、これに不服のときは、税務署に再調査の請求又は直接、国税不服審判所に審査請求ができます。その審査請求でも不服な場合は、裁判をするかどうかという段階になってきます。最終的には裁判で決着することになります。

しかし、実際問題は、そこまでいかずにどこかで折り合いをつけて修正申告をすることが多いといえます。

第8章
4

# 調査で聞かれることが多い質問事項

調査当日に聞かれやすい質問を書いてみたいと思います。調査当日はいろいろなことが聞かれます。一見、調査に関係のない事柄を聞いているような印象を受ける質問もありますが、実は、その背後にある財産のもれがないかどうかを探るための質問が多くなっています。

では、調査で聞かれやすいことを見ていき、その調査官の意図をさぐってみましょう。

① 被相続人の趣味は何でしたか？

趣味を聞くことで、財産漏れを見つけることができます。例えば、ゴルフが趣味と分かればゴルフ会員権の有無、書画骨とう品の収集が趣味であれば、そのような書画がないかどうかなどの確認になります。またその日の午後からの現物確認で部屋に飾ってある書画や、押し入れにしまわれている書画などが確認のポイントにもなります。

② 被相続人の職業の経歴や、転勤場所はどちらであって、また住まいの履歴はどうなっていますか？

その職業から得られる収入の目安をつけたり、転勤場所で、その地域の信用金庫等の口座を開いている場合はないか、その場所で不動産の購入がないかどうかなど、その場所で暮らしているときの財産がもれていないかどうかを確認しています。

③　被相続人以外の相続人や孫の取引金融機関や支店名はどこか？
これは、相続人や孫への贈与、名義預金があるのではないか、遠方（他府県）の金融機関に口座がないかどうかの確認のためです。

④　ゆうちょ銀行に口座はないですか？
ゆうちょ銀行はその他の金融機関と違って、見つかりにくいという噂があって、過去には申告していないケースもあったようですが、これは全くの噂にすぎず、他の金融機関と同様、分かりますので正しい申告が必要です。

⑤　手帳や日記を付けられていましたか？
几帳面な性格だった方は、日々のことを手帳にメモしているケースがあります。また、その手帳や日記を見ることで、子への生前贈与の記載があったり、申告書に載っていない財産が書かれていたり、申告していない譲渡収入が書かれていたりしますので、もしある場合は、事前に確認が必要です。

⑥　年賀状や香典帳はありますか？

香典帳は、日頃お世話になっていた方が葬儀のときに来られて書いていかれるものです。その名前を見ると会社名もあり、申告書にない金融機関名の方の名前や、証券会社関係の名前があると預金もれや、有価証券もれが見つかる可能性があります。

⑦　相続開始日の少し前に引出が多いですが、どなたが引出されましたか？また、その現金は使われていましたか？

相続開始直前は、葬儀費用等の準備をするために事前に引き出しておくことが多いものです。その現金が、実際に相続前に使われていたことが分かる領収書等があれば、その証明ができますが、それが無い場合は、相続時には、手許現金として残っていたとみられるケースが多くあります。

⑧　被相続人の通帳で大口の引出がたくさんありますが、その使途はわかりますか？

多額の引出がある場合は、その現金がタンス預金になっていたり、子・孫の口座に移っていたり、他の資産の購入（不動産や車など）に充てられていることがあります。

また、生前贈与であれば、相続や遺贈で財産を取得した人は、3年以内贈与財産として加算の対象になってきます。

⑨　奥様名義の預金が多額にありますが、これはどのようにその財産を作られましたか？

奥様がご自身の給与収入等で積み上げたものなのか、又は奥様のご実家の相続で財産を受け継いだものなのか、それとも資金の出元が被相続人であるご主人のものであったのかなど、名義預金に該当するかどうかを確認されます。

⑩　毎月の生活費はどれくらいかかっていましたか？

中告された財産の総額が、被相続人の生前の給与収入・不動産収入等から生活費として使った残りの積み上げで、おおよそ妥当な金額になるかの推定に使います。

⑪　被相続人の性格はどのようなものでしたか？

節約家であれば、コツコツと貯められる方も多く、銀行等の残高が増えていることも多いですし、生前に多額の収入や土地の譲渡収入があったとしても、浪費家の方であれば、実際には、現預金はあまり残っていないケースもあります。

⑫　ご家族の方の職業や年齢等を教えてください。

被相続人以外の方で、無職の方や、専業主婦の方、年齢の低いお孫さんなどに、多額の預金残高がある場合に、その財産形成や生前贈与が証明できるかどうかが問われています。

⑬　銀行等の口座の印鑑を教えてください。

家族の通帳口座の印鑑と、被相続人の口座の印鑑が同じであれば、名義預金の可能性がでてきます。

第9章

# 相続した不動産を売却したらどうなる

第9章 1

# 相続した不動産を売却したら

相続財産の中で、大きな評価額を占めるひとつが不動産です。小規模宅地等の特例を使って、配偶者がそのまま取得したり、同居親族が取得するケースが多いと思われます。この場合は、早急に売却するということは住む家をなくすことになるため可能性は低いですが、ご実家の土地建物を相続しても、都会に出てしまっている子が当面住む予定もなく、将来戻るかどうかわかりません。相続しても毎年固定資産税もかかってくるし、マンションの場合は毎月の管理費や修繕積立金もかかってきます。そのため、維持管理もできないといった状況では売却してお金に換えるという選択肢も出てきます。

この場合の税金としては相続税とは異なり、譲渡所得という所得税の対象になります。これに住民税もかかってきます。これは不動産を売って儲け（利益）が出たならば、その利益に対して税金がかかる仕組みになっています。ただし、相続財産で相続税がかけられて、また同じ財産を売ったときに所得税がかけられると二重に税金がかかっていることになるため、その分は考慮して譲渡所得税の計算をするようになっています。これは、相続から3年10か月以内に売却したときに取得費に加算される（税金が安くなる）という規定です。通常、

譲渡所得＝売値－（取得費＋譲渡費用）で計算されます。この中で、取得費というのは、元々の所有

者が購入した値段（土地＋建物）から、建物部分の価値が減少した分を差し引いたもの（減価償却後）になります。

また、譲渡費用は、売る際に支払った不動産会社への仲介手数料や印紙代などが該当します。それを売値から引いてプラスであれば、これに被相続人分も含めて5年超所有していれば、税率は20・315％、5年以下の場合は、39・63％を掛けて税金の計算をします。この取得費ですが、先祖代々所有している土地などは、購入費がわからないケースが多々あります。この場合は売値の5％が取得費として考えて計算します。しかし5％しか見てくれないため、かなりの利益が出てしまう結果になります。

ここで、『空き家の譲渡所得の3千万円特別控除の特例』をご紹介します。

相続後に、住まなくなったご実家など、放置されている空き家が増加していて、倒壊の恐れや治安の悪化など、周辺の生活への悪影響が大きな問題になってきています。またこのような空き家が増加傾向になっているため、税法では空き家の売買を活性化させて、空き家を減らしていく目的で、一定の基準を満たした場合は、その利益から最大3千万円を控除することで空き家の解消につなげています。

この特例ですが、売却代金が1億円以下で、被相続人が戸建で一人暮らしをしており、昭和56年5月31日以前に建築された建物に住んでいた場合で、それを一定期間内に、耐震リフォームをしてから売却するか、又は建物を取り壊して更地にしてから売却すると、その利益から最大3千万円の特別控除をするといった空家特例があります。これは使えたら大きいです。ほとんど税金の心配がいらなくなる場合が多くなります。しかし、細かな適用要件がありますので注意が必要です。まずマンションは不可です。戸建に限ります。また、一人暮らしをしていたことも条件でかつ、相続後に貸したり誰かが住んだりしていては不可になります。市役所に申請してその証明書をもらい、それを所得税の確定申告書に添付しなければなりません。そのため、売却を検討される方は、事前に要件を満たせるように準備をしていく必要があります。

# 第10章 二次相続に備えて

夫婦は年齢が近いことが一般的です。したがって、一方が高齢者になれば、その配偶者も同じく高齢者になっています。そのため、一方の相続が発生すると、年齢差にもよりますが、配偶者の相続もそう遠くないことが想定されてきます。そこで、二次相続（最初の相続の次に起こる相続のこと）の準備をしておかなければなりません。また、二次相続を見越して、一次相続時の遺産分けをしておく必要も出てきます。

例を挙げてみましょう。

夫（90歳）が亡くなり、妻（92歳）と子（長女、次女、長男）の4人が相続人だったとしましょう。夫は、合計で1億5千万円と別途、妻を受取人にした生命保険金2千万円があったとしましょう。その内訳は、複数の自宅を含めた不動産（8千万円）、複数の銀行・ゆうちょ銀行に預けられた預貯金（5千万円）、複数の証券会社に株式（2千万円）です。この相続人間で、どのように分けたらよいでしょうか？

遺言書を夫が書いていなければ、相続人間の話し合いで決めることになります。

この事例の場合は、生命保険金は2千万円ありますが、500万円×4人＝2千万円まで非課税になるため、相続税の対象になる金額は0円になります。

全体の金額を考えると1億5千万円のため、すべて妻である配偶者が取得すれば、今回の夫の相続では納税額は全員0円になります。

しかし、このような分割の場合、妻の年齢が92歳ですから、妻の相続がそれほど遠くない時期に起こりそうです。二次相続である妻の相続が起こったときは、今度は配偶者がいませんから、軽減規定はありません。また、次の相続のときは一人相続人が減っていますので、基礎控除の計算がその分少なくなっています。したがって、夫の引き継いだ財産と、妻が受け取った生命保険金を預金にしたもの、及び妻固有の財産が、子3人に受け継がれます。そのため、かなり高額な相続税になってきます。このように、相続税対策を考える場合は、一次相続（最初の相続）と二次相続（配偶者の相続）の両方を足し合わせたときにどのようになっていくかを予め概算でもシミュレーションしておく必要があります。

逆に、妻が今回の相続で全く取得しないという選択肢もあります。しかし、この場合は、夫の相続で本来使えた配偶者の税額優遇規定を使わない結果になりますから、これはこれで損になります。

そこで、複数のパターン案がでてくると思います。その中で、相続税のことも踏まえつつ、税金以外のことも考慮しながら分けていくのがベストといえます。自宅は誰が相続するのか、金融資産は妻が引き継がなくて心細くならないか、生前に夫から相続が起きたときの財産分けについて意向を聞いていなかったのか、子3人の家庭環境はどのようなものなのか、さらに孫がいるのかいないのか、など総合的に照らし合わせて考えていく必要があります。

遺産分けは、オーダーメイドでその家庭によってベストな選択肢が異なりますので、じっくり話し合う機会を持たれるのが良いと思います。そこでのポイントは、円満に今後とも親族関係が続いていけるように、互いに配慮しながら話し合うことです。いったん、こじれるとなかなか修復できませんし、音信不通になってしまうことも考えられます。相手の本音を知ってしまったことになり、元に戻そうにもわだかまりがあって、簡単に元には戻れません。やはり、お互いに少し譲るという心構えが必要になります。円満な状況が続くならば、多少の財産の配分の凹凸があっても大丈夫なのではないでしょうか。

相続の最重要ポイントは、円満な状況を今後とも続けていけるようにもっていけるかだけだと思います。


一次相続の話し合いが終わって、相続税申告書を提出すると、ここからは、次の相続の準備段階になってきます。配偶者の年齢にもよりますが、この事例の場合は、考えておく年齢になっています。ひとつは、小規模宅地等の特例を、今後誰が適用できるようにするのか、もうひとつは、預貯金の生前贈与で財産を徐々に分けていくなどの対策をとって、来るべき次の相続では、相続税の節税が図れるように準備をしておくことが得策になってきます。

小規模宅地等の特例の要件は様々ありますから、それを満たすように工夫したり、将来、誰も実家に住む人がいないと想定されるときは、売却を見込んで、空家の売却特例を使えるように準備をしたり、生前から対策を採っておくことが来るべき相続に備えることになります。

現預金は、年間110万円まで贈与税がかからないため、複数の子や孫に毎年贈与を続けていくことで、生前にかなりの金額が無税で移っていくことになります。この例では妻は高齢のため、毎年贈与するにしても、それほど長い期間の贈与ができないことが見込まれるため、多少、年間の贈与額を多めにするなどして、財産を移していくことが良いと思われます。相続開始前3年以内贈与は、相続財産に加算されるため、可能な限り早い時期からの贈与が有効です。

しかし、それほど長い期間の贈与が続けられないと想定されるときは、年間310万円の贈与の場合までは贈与税率が10％になるため贈与税が20万円かかりますが、この程度の贈与を複数人に何年間にわたって実行することでも大きな対策になってきます。

また、相続開始前3年以内贈与加算規定は、相続や遺贈で財産を取得しない人への贈与は加算対象にならないため、相続人ではない孫などに贈与することで、贈与税のみの支払いで終わらせることができますので、これも大きな節税対策といえます。この対策だけでも実行することによって、大きな違いになってきます。相続税対策はいろいろありますが、生命保険金の活用と、この生前贈与だけでも大きく節税できると思います。

実行される場合は、いままででも書いてきましたが、贈与の立証ができることをしっかり念頭において行ってください。生前贈与の基本は、できるだけ早い時期から、長い年月をかけて、複数の人に行うがキーワードです。

# コラム

コラム 1

# 時価とは何？

『相続税法』という法律があります。

その中に相続税と贈与税の取扱いが書かれています。ちなみに贈与税法という法律は存在しません。なぜなら、相続税は亡くなった日現在の財産にかかるわけですから、考えようによっては、亡くなる日までに財産を他の人に移してしまえば、亡くなった日は財産が0円になって相続税は課けられません。それでは国も困るので、生前に財産を移したものは、移したときに相続税よりも高率な贈与税をかけて、必要以上の財産の移転を防いでいるわけです。そのため贈与税は、相続税の補完税と言われています。

その相続税法に、評価の原則の規定があって、そこには〝時価〟で財産の評価をしてくださいと書かれています。

これでは分かり難いので、さらに財産評価基本通達というものがあり、そこに時価の意義が書かれています。財産評価通達の文言をみてみましょう。

『時価とは、課税時期において、それぞれの財産の現況に応じ、不特定多数の当事者間で自由な取引が行われる場合に通常成立すると認められる価額をいい、その価額はこの通達の定めによって評価した価額による』

何か分かったような分からないような感じがします。時価と聞くと、お寿司屋さんしか思い浮かびません。

趣味で集めた骨とう品があっても、その時価の算定は困難でしょう。普通の人は値段の見当もつきません。

そのため、評価が人によって様々になってしまうため、国は、財産評価基本通達で各財産の評価方法を定めています。

もちろん、時価の証明ができれば、通達以外でも認められることは大いにあります。例えば、路線価地域で評価する土地を、それでは高すぎるということで、不動産鑑定士さんに依頼して評価をしてもらってそれが適切な妥当な時価であれば、それで申告することは可能です。

コラム2

## 税理士試験

税理士になるためには、原則として税理士試験に合格しなければなりません。試験は会計科目2科目と税法科目3科目の合格が必要です。会計科目は簿記論と財務諸表論があってこれらはどちらも必須です。一方、税法科目3科目は、法人税法、所得税法、相続税法、消費税法、固定資産税、事業税、住民税、酒税、国税徴収法から選択することになっています。そのうち、法人税法と所得税法はどちらかひとつは必ず含まれていないといけません。つまり、相続税法は選択しない人もいるわけです。例えば、税法科目を所得税法・消費税法・住民税といった科目で税理士になった合格者もいるわけです。その方は、相続税法を勉強せずに税理士になっているわけですから、実際の仕事ではじめて勉強するにしても、試験勉強はしてないことになります。

一般の方から見ると、税理士であれば、どの税金のことも詳しいと思われがちですが、実際はこのような状況です。したがって、税理士選びも慎重にしないと、相続税法を勉強していない方に当たる可能性があります。また、税理士になるのは、正規の試験合格者だけでなく、税務署OBといわれる方も多数います。この方は税務署に一定年数勤めて指定研修を受ければ、正規の難しい税理士試験を受けることなく税理士になっています。また、大学院に行って、会計や税法に近い分野を履修すれば、税理士試験の何科目かは試験免除になる規定もあります。30年ほど前までは、なんと大学院の2年間を2か所、つまり合計4年間行っただけで、税理士試験を受けずに税理士になれた時代もありました。これはあまりにも行き過ぎているということで、今は改正されました。税理士は国家資格のため、税理士試験合格者のみが税理士になれるとするのが筋だと思うのですが、今現在でもこのような制度になっています。この税理士という制度は〝税理士法〟という法律の中に規定されています。

コラム 3

# 養子縁組制度

最近は戸籍謄本で養子・養女をみかけるケースが増えてきました。普通養子は縁組届を出せば簡単にできてしまうため行いやすいのですが、注意点もあります。

一つは相続税の計算で、実子がいる場合は、いくらたくさんの養子縁組をしても、基礎控除等の計算では、養子は一人までしかカウントできません。また、実子がいない場合は二人までのカウントになります。また、養子縁組すると、他の実子と同じ立場になるため注意が必要です。例えば父親から見て長男の子（孫）を養子縁組すると、他に長女がいれば、相続人は長男、長男の子、長女の３人になります。法定相続分も配偶者がいない場合、１／３づつとなり、長男家族は長男とその子で合計２／３、長女家族は長女のみ１／３となり、不公平さも生じます。また、長女には知らせずに養子縁組ができてしまいますので、実際の相続が起こってから判明するケースもでてきます。

事前に、養子縁組の話し合いや家族会議を開いたうえで行わないと、将来の懸案の種になってしまいます。

また、養子は実父・実母との関係もそのまま続きますので、実父・実母の相続が起きた場合も相続権があります。つまり二重の立場を持つことになります。

そのほか、養子には特別養子縁組という制度もあります。これは、実父・実母との関係がなくなる制度で、その子が6歳未満までに家庭裁判所に申し立てを行い審判を受けなければなりません。この場合は戸籍にも長男・長女と記載されますので、〝養子〟の記載は出てきません。

コラム 4

# 遺留分

遺留分という言葉は聞かれたことがあるかもしれません。相続人には一定割合の財産を取得する権利があり、最低限この分は保証されています。

遺言書で全財産を他人のAさんに渡すとなっていた場合に、それが通ってしまうと、相続人たちは困ってしまいます。そこで、法律は、最低限度の相続人分の取り分を保証しているわけです。

ただし、この遺留分は兄弟姉妹にはありません。

遺留分の割合は、法定相続分の1／2です。（ただし、相続人が直系尊属のみの場合は1／3）

例えば、夫が亡くなり妻と長男、長女が相続人の場合、各人の遺留分は

妻1／4（1／2×1／2）

長男と長女は各1／8（1／4×1／2）です。

少ないような気がしますが、財産は被相続人が築き上げたものなので、最終的な財産の配分は、被

相続人の意思を尊重しようということかもしれません。

私はこの仕事を始めてから、〝全財産を特定の○○に遺贈する〟といった遺言書に何度か出くわしました。被相続人・相続人両方の気持ちを考えると、なかなか複雑な気分になったものです。

このような遺言書があって、相続人が受け取るべき権利を主張したいときは、相手方に財産の取戻しを要求することができます。これが『遺留分の減殺請求』です。通常は相手方に内容証明郵便で伝えます。ただし、相続があったことを知ってから一年以内にしなかったときは、時効によって請求の権利がなくなってしまいます。また、相続があったことを知らなかったとしても10年が経ってしまうと、遺留分の請求権は無くなってしまいます。

ただし、相手方が遺留分の返還を拒否する可能性もあります。その場合は、家庭裁判所に調停の申し立てをして、話し合いで解決を図っていくことになります。

コラム 5

## 遺言書

遺言は満15歳になったときからできます。

15歳というと中学生でしょうか。この年齢になれば、しっかりとした意思表示ができるとみているのでしょう。

遺言書は、自筆証書遺言や公正証書遺言、秘密証書遺言の3つが使われますが、書き方の不備などを考えると、公正証書遺言を作るのをお薦めいたします。遺言書を書いておいたらよいと思うケースについて触れてみます。

一番目は何といっても、子がいないケースです。夫が亡くなり、夫の両親が既に他界していた場合は、妻と夫の兄弟が相続人になってきます。遺言書がないと、妻は、夫の兄弟と遺産の配分を決めなければなりません。これはなかなか心労があると思われます。このとき遺言書で全財産を妻に相続させるとしておけば、兄弟姉妹には遺留分がないため全額妻のものになります。

その他、書いておいた方がよさそうな例を挙げていきます。

●ずっと一緒に暮らしている内縁の妻がいる場合
●前の妻の間に生まれた子と、今の妻との間に生まれた子がいる場合
●ずっと身の回りの世話をしてきてくれた長女により多くの遺産をわけたいとき
●会社経営や個人事業をしていて、その経営に必要な株式や、主要な財産を、事業承継者に渡したいとき
●一代飛び越えて、孫に遺産を渡したいとき
●日本赤十字といった公益団体に寄付したいとき
●知人・友人に財産を分けたいとき
●長男の妻に世話になっていたので、その妻に財産を分けたいとき

など、財産の行き先を指定したいときや揉め事の防止など、遺言書があったほうが残された家族が困らないケースも多々あります。遺言書の制度が普及しているとは言い難い現状ですが、検討してみる価値はあるといえます。

コラム 6

# 生死不明のとき

相続は亡くなったときに開始すると民法で規定されています。病院等で亡くなった場合は亡くなった日がわかりますが、生死不明のときはどうなるのでしょうか？この場合は、家庭裁判所に失踪宣告の申し立てを行います。通常は生存がわかっていたときから数えて7年間経過すると、亡くなったとみなすことになっています。そのとき、通常の相続と同様な手続きで相続人に財産を承継していくことになります。

また、戦争や、船舶の沈没、震災などの危難に遭遇した人の生死が分からない場合は、危難が去った後一年間経過すると、亡くなったとみなすことになっています。

このような規定がないと、いつまでたっても財産の承継や保険金の請求等ができません。亡くなったとみなすことで、その後の手続きを認める制度です。

コラム7

# 相続の欠格・廃除

世の中、考えられない事件が起こることがあります。生命保険を利用したものやテレビドラマで『資産家の○○事件』のような設定も多く出てきます。

相続人見込者は必ず相続人になれるとは限りません。

次の場合に該当すると、相続欠格者になり相続人から除かれてしまいます。

1. 被相続人や自分より先順位にある相続人又は自分と同順位の相続人を故意に殺したり、殺そうとして刑に処せられた人
2. 被相続人が殺されたことを知りながら、それを告訴、告発しなかった人
3. 詐欺や強迫によって、被相続人に遺言させたり、遺言を取り消させたり、変更させたりした人
4. 被相続人の遺言を偽造したり、変造したり、破棄したり、隠匿した人

このような人は、相続欠格者という扱いになって相続人になれません。これは普通に考えたら分かり易いと思います。つまり、被相続人を殺したり、自分の都合の良いように遺言書を書かせたり、又は都合の悪い遺言書を見つけたときに廃棄したり隠したりしたときなどが該当します。

次に、分かりにくい〝廃除〟という場合です。

相続欠格者の事由には該当はしないけれど、それに近いものがあるという場合です。

廃除は、被相続人に対して虐待をしたときや、重大な侮辱をしたとき、そのほか著しい非行があったときに、家庭裁判所に対して廃除の請求をします。この請求は生前でもできますし、遺言によってもできます。

この欠格や廃除によって、その人に相続権がなくなりますが、その人に子がいれば子が代襲相続で財産を取得することができます。

代襲相続を認めている扱いになっていますので、効果が薄いのではないかと思うのですが、現在の法律はそのようになっています。

# あとがき

相続税について、少しは理解していただけたでしょうか。従来は、いわゆる資産家といわれる方だけが対象であった相続税が、相続税の基礎控除額が引き下げられたため、一般の方までもが考えなければいけないものになりました。

相続税という税金は、資産家から、資産家でない方への所得の再分配機能というものがあると言われています。預貯金を相続した方は納税資金もありますが、不動産しか取得しなかった方は、納税資金がなく、延納や物納、あるいは相続人の預貯金を取り崩して納付するということになります。

相続人自身も生活があり、お金のかかる時期に遭遇しているケースも多いものです。そのときに納税資金の工面に苦労されている方が多いのも実情です。

また、相続税はそもそも亡くなった方の生前の収入（会社員であったときの給与収入・不動産収入・不動産等の譲渡収入など、その時点で所得税等の課税が行われた後の財産が貯まっていたものになりますから、その財産に、相続税をかけると二重課税になっているのではないかという問題も指摘されています。

この相続税自体の問題もかかえており、税制改正等を通じてより公正な体系を作る必要があるでしょう。

読者の方はこれから申告期限を迎える方だと思います。この本で概要を勉強していただきましたので、申告に向けて準備を行い、無事申告を終えて肩の荷を下ろしていただきたいと思います。精神面でも疲労がたまっていると思います。専門家等の協力を得て、申告書を無事出し終えて気を楽にしてください。

最後に、相続人の方の今後の人生が、より一層充実されることを祈念して、あとがきとさせていただきます。

# 《参考資料》

相続税の早見表

配偶者がいる場合　　単位：万円

| 課税価格 | 子１人 | 子２人 | 子３人 | 子４人 |
|---|---|---|---|---|
| 4,000 | 0 | 0 | 0 | 0 |
| 5,000 | 40 | 10 | 0 | 0 |
| 6,000 | 90 | 60 | 30 | 0 |
| 7,000 | 160 | 113 | 80 | 50 |
| 8,000 | 235 | 175 | 138 | 100 |
| 9,000 | 310 | 240 | 200 | 163 |
| 10,000 | 385 | 315 | 263 | 225 |
| 11,000 | 480 | 393 | 325 | 288 |
| 12,000 | 580 | 480 | 403 | 350 |
| 13,000 | 680 | 568 | 490 | 425 |
| 14,000 | 780 | 655 | 578 | 500 |
| 15,000 | 920 | 748 | 665 | 588 |
| 16,000 | 1,070 | 860 | 768 | 675 |
| 17,000 | 1,220 | 975 | 880 | 788 |
| 18,000 | 1,370 | 1,100 | 993 | 900 |
| 19,000 | 1,520 | 1,225 | 1,105 | 1,013 |
| 20,000 | 1,670 | 1,350 | 1,218 | 1,125 |
| 21,000 | 1,820 | 1,475 | 1,330 | 1,238 |
| 22,000 | 1,970 | 1,600 | 1,443 | 1,350 |
| 23,000 | 2,120 | 1,725 | 1,555 | 1,463 |
| 24,000 | 2,270 | 1,850 | 1,675 | 1,575 |
| 25,000 | 2,460 | 1,985 | 1,800 | 1,688 |
| 26,000 | 2,660 | 2,160 | 1,940 | 1,800 |
| 27,000 | 2,860 | 2,335 | 2,090 | 1,938 |
| 28,000 | 3,060 | 2,510 | 2,240 | 2,075 |
| 29,000 | 3,260 | 2,685 | 2,390 | 2,213 |
| 30,000 | 3,460 | 2,860 | 2,540 | 2,350 |

相続税の早見表

配偶者がいない場合　　　　　　　　　　　　　　　単位：万円

| 課税価格 | 子１人 | 子２人 | 子３人 | 子４人 |
|---|---|---|---|---|
| 4,000 | 40 | 0 | 0 | 0 |
| 5,000 | 160 | 80 | 20 | 0 |
| 6,000 | 310 | 180 | 120 | 60 |
| 7,000 | 480 | 320 | 220 | 160 |
| 8,000 | 680 | 470 | 330 | 260 |
| 9,000 | 920 | 620 | 480 | 360 |
| 10,000 | 1,220 | 770 | 630 | 490 |
| 11,000 | 1,520 | 960 | 780 | 640 |
| 12,000 | 1,820 | 1,160 | 930 | 790 |
| 13,000 | 2,120 | 1,360 | 1,080 | 940 |
| 14,000 | 2,460 | 1,560 | 1,240 | 1,090 |
| 15,000 | 2,860 | 1,840 | 1,440 | 1,240 |
| 16,000 | 3,260 | 2,140 | 1,640 | 1,390 |
| 17,000 | 3,660 | 2,440 | 1,840 | 1,540 |
| 18,000 | 4,060 | 2,740 | 2,040 | 1,720 |
| 19,000 | 4,460 | 3,040 | 2,240 | 1,920 |
| 20,000 | 4,860 | 3,340 | 2,460 | 2,120 |
| 21,000 | 5,260 | 3,640 | 2,760 | 2,320 |
| 22,000 | 5,660 | 3,940 | 3,060 | 2,520 |
| 23,000 | 6,060 | 4,240 | 3,360 | 2,720 |
| 24,000 | 6,480 | 4,540 | 3,660 | 2,920 |
| 25,000 | 6,930 | 4,920 | 3,960 | 3,120 |
| 26,000 | 7,380 | 5,320 | 4,260 | 3,380 |
| 27,000 | 7,830 | 5,720 | 4,560 | 3,680 |
| 28,000 | 8,280 | 6,120 | 4,860 | 3,980 |
| 29,000 | 8,730 | 6,520 | 5,160 | 4,280 |
| 30,000 | 9,180 | 6,920 | 5,460 | 4,580 |

贈与税の早見表　　単位：万円

| | 一般贈与 | 特例贈与（注） |
|---|---|---|
| 年間の贈与額 | 贈与税 | |
| 100 | 0 | 0 |
| 200 | 9 | 9 |
| 300 | 19 | 19 |
| 400 | 34 | 34 |
| 500 | 53 | 49 |
| 600 | 82 | 68 |
| 700 | 112 | 88 |
| 800 | 151 | 117 |
| 900 | 191 | 147 |
| 1,000 | 231 | 177 |
| 1,500 | 451 | 366 |
| 2,000 | 695 | 586 |
| 2,500 | 945 | 811 |
| 3,000 | 1,195 | 1,036 |
| 3,500 | 1,465 | 1,280 |
| 4,000 | 1,740 | 1,530 |
| 4,500 | 2,015 | 1,780 |
| 5,000 | 2,290 | 2,050 |
| 6,000 | 2,840 | 2,600 |
| 7,000 | 3,390 | 3,150 |
| 8,000 | 3,940 | 3,700 |
| 9,000 | 4,490 | 4,250 |
| 10,000 | 5,040 | 4,800 |

（注）特例贈与は、直系尊属（祖父母や父母など）から、その年の1月1日時点で20歳以上の子・孫などへの贈与

相続税の速算表

| 各人の法定相続分に応ずる取得金額（注） | 税率 | 控除額 |
|---|---|---|
| ～1,000万円以下 | 10% | － |
| 1,000万円超～3,000万円以下 | 15% | 50万円 |
| 3,000万円超～5,000万円以下 | 20% | 200万円 |
| 5,000万円超～1億円以下 | 30% | 700万円 |
| 1億円超～2億円以下 | 40% | 1,700万円 |
| 2億円超～3億円以下 | 45% | 2,700万円 |
| 3億円超～6億円以下 | 50% | 4,200万円 |
| 6億円超～ | 55% | 7,200万円 |

（注）各人の法定相続分に応ずる取得金額は、

課税遺産総額（相続財産の課税価格合計額－基礎控除額）×それぞれの法定相続分で計算した金額

贈与税の速算表

【一般贈与財産用】

| 基礎控除後の課税価格（注） | 税率 | 控除額 |
|---|---|---|
| ～200 万円以下 | 10% | － |
| 200 万円超～300 万円以下 | 15% | 10 万円 |
| 300 万円超～400 万円以下 | 20% | 25 万円 |
| 400 万円超～600 万円以下 | 30% | 65 万円 |
| 600 万円超～1,000 万円以下 | 40% | 125 万円 |
| 1,000 万円超～1,500 万円以下 | 45% | 175 万円 |
| 1,500 万円超～3,000 万円以下 | 50% | 250 万円 |
| 3,000 万円超～ | 55% | 400 万円 |

（注）基礎控除後の課税価格は、贈与金額－基礎控除額（110 万円）

【特例贈与財産用】

直系尊属（祖父母や父母など）から、その年の 1 月 1 日時点で 20 歳以上の子・孫などへの贈与の場合

| 基礎控除後の課税価格（注） | 税率 | 控除額 |
|---|---|---|
| ～200 万円以下 | 10% | － |
| 200 万円超～400 万円以下 | 15% | 10 万円 |
| 400 万円超～600 万円以下 | 20% | 30 万円 |
| 600 万円超～1,000 万円以下 | 30% | 90 万円 |
| 1,000 万円超～1,500 万円以下 | 40% | 190 万円 |
| 1,500 万円超～3,000 万円以下 | 45% | 265 万円 |
| 3,000 万円超～4,500 万円以下 | 50% | 415 万円 |
| 4,500 万円超～ | 55% | 640 万円 |

（注）基礎控除後の課税価格は、贈与金額－基礎控除額（110 万円）

【著者略歴】

**森 川 和 彦**（もりかわ　かずひこ）

森川和彦税理士事務所　所長税理士
神戸相続税申告相談センター　センター長
税理士　1級ファイナンシャルプランニング技能士
URL：http://souzokuzei-sinkoku.jp

1970年兵庫県生まれ。

慶応義塾大学商学部を卒業後、税理士事務所等の実務経験を経て2010年に独立開業する。

相続税申告をサポートするため、神戸相続税申告相談センターを立ち上げ、年間を通じて多数の相続税相談業務に携わり、相続税申告件数も多い。

著者自身にも相続税申告の経験があり、実体験からくる話には、説得力がある。初めて相続に直面した方を対象に、適切なアドバイスを行い不安や悩みの解消に努めており、その的確なコメントには定評がある。

# 相続税の不安・悩みが即解消！
## 3時間でわかる相続人のための相続税申告入門

発 行 日　　2019年1月23日

著　　者　森　川　和　彦

発行所　一　粒　書　房
〒475-0837 愛知県半田市有楽町 7 -148- 1
TEL(0569)21-2130

印刷・製本　有限会社一粒社

ISBN978-4-86431-754-2 C0033